ちくま新書

投資で変わる日本経済

——「アマチュア資本主義」を活か

宮川 努
Miyagawa Tsutomu

1829

投資で変わる日本経済

——「アマチュア資本主義」を活かす途

【目次】

はじめに

本書は、『生産性とは何か』に次ぐ二冊目の新書である。前著では「生産性」という概念をキーワードに、それを向上させるための様々な考え方を紹介した。生産性の向上のためには、企業レベルでも政策レベルでも様々な取り組みを必要とするが、本書で取り上げる「投資」または「資本」はその中心に位置している。その意味で、本書は前著の姉妹編と言える。

経済は、大きく「消費」と「投資」の二つに分けることができる。

このうち「消費」は、食料や衣料などのように短期で使い尽くすような支出を指し、その支出は、経済全体の大半を占めるため、短期的な経済の動きに大きな影響を与え得る。一方「投資」の方は、将来の消費のための財・サービスの提供に不可欠な生産要素への支出である。例えば、半導体製造機械や鉄道車両への支出は「投資」にあたる。この「投資」によって生み出される生産は、将来の所得の源泉となり、ここから将来の「消費」が行われる。このように「投資」は将来の経済社会のあり方に大きく影響する。例えば、ICT革命（情報通信革命）のときに積極的に投資をしなかったために、その後、この革命に対応する教育や社会システムが構築されず、ICTに関するリテラシーの低い社会が出来上がってしまうといったことを想像してもらえばよい。

日本は、一九九〇年代にバブルが崩壊して以来、この「投資」を積極的にしてこなかった。つまり企業も政府もこの国の未来を真剣に考えてこなかったのだ。今になって、「日本は世界に立ち遅れている」「日本は貧困化した」と嘆いているが、それは時代に合った果敢な「投資」をしてこなかったことの当然の帰結なのだ。

なぜ日本で積極的な「投資」が行われてこなかったかについては、本書第2章で詳しく述べるが、一つ確かなのは、日本の経営者たちが言ってきた「長期的な視点からの経営」という言葉には根拠がなかったということだ。

もし経営者が本当に「長期的な視点」を持ち、それを経営に反映した結果が今日の日本経済の姿だとすれば、それは彼らの大いなる見込み違いだったと言える。本書は、この見込み違いを、そもそも日本の経営者と労働者が、ともにプロフェッショナルに徹しきれなかったからだと結論付け、合理的な経済計算が優先されるべき「プロフェッショナル」な世界に、その場限りの言い訳を持ち込んでいる日本経済を「アマチュア資本主義」と名付けている。

日本企業のもう一つの誤算は、「人材不足」である。これまで、日本の経営者は口癖のように「ヒト（労働者）を大事にする」と言い続けてきた。しかし現実を見てみると、非正規雇用者の比率が大きく増え、日本の労働者の働く意欲は低い。その上、賃金も上がらないので、世界的に見ても日本企業は魅力のない職場になってしまった。それを改善し、人材を引き付けるためにも積極的な「投資」は不可欠だ。

本書は、このような「投資」の重要性を、これまでの日本経済の動きを追いながら解説していく。

まず序章では、本書で扱う「投資」や、その「投資」が積み重なった「資本」について、できるだけわかりやすく解説する。前著の序文でも「生産性」という概念の定義について述べたが、日本では、きちんとした用語の使い方がある言葉について、自分勝手な解釈で自説を展開する人が多い。SNSが普及してからは一層その傾向が強まり、かなりの地位がある人たちでも、驚くほど稚拙な考え方を披露することがある。

言葉の定義は、正確な議論の第一歩である。よく「言論の自由」と言われるが、「言論」の「論」は「論理」の「論」であり、言葉の正確な定義から生まれる正確な議論のない意見のばらまきは、公道にごみをまき散らすような行為だと、私は思う。そのような思いもあって、序章では、その後の議論の展開に必要な「投資」「資本」さらには「資本主義」という言葉について簡単な説明を試みている。

続く第1章から第3章では、日本経済の転落の原因に投資不足があることを指摘している。第1章では、新型コロナウイルスの感染拡大に揺れた三年間の日本経済に焦点を当てている。西欧諸国に比べ、このウイルスによる死者は少なくて済んだが、それは日本の政策が優れていたからではなく、曖昧な行動抑制策に「我慢」して協力する国民の努力によるものでしかなかった。この事実は、バブル崩壊後の日本の経済的・技術的後退を象徴する出来事として記憶されるべきで、このままでは将来の感染に対してもまた無為無策が繰り返されるのではないかとの懸念を示している。

第2章では、こうしたコロナ禍における日本の経済的・技術的後退が、バブル崩壊後のいわゆる「失われた三〇年」の結果であり、特に、将来への備えを考えてこなかった投資不足にその主因があることを示している。ここでは経済学の観点から、この投資不足を説明しているが、この三〇年以上にわたる投資不足には、合理性だけでは説明できないような構造的な問題が横たわっていると考えざるを得ない。

続く第3章では、投資不足という問題について「アマチュア資本主義」「ムラ社会」といった言葉を利用して説明を試みている。この章は、他の章とは異なり、あまりデータを使わずに持論を展開している。ただ「投資」を中心とした日本の長期停滞が仮に構造的な問題だとしても、将来のことを考えれば、その停滞にただ納得して済ませるわけにはいかない。また長期間の停滞の中で、どのような「投資」が望ましいかも十分に議論されていない。

第4章から第6章では、こうした日本の将来に不可欠な「投資」とは何かについて議論する。その一番手は「デジタル化」である。日本のデジタル化は遅れに遅れているが、これはそのまま済ませておいてよい問題ではない。我々はコロナ禍を経て、デジタル化が単に経済的収益性の観点だけではなく、国民の安全や安心を確保する手段としても重要であることを認識している。

第4章では、このデジタル化に関して、日本社会の現状と、今後克服していかなくてはならない課題について述べている。デジタル化の推進のために、高度な人材の供給は不可欠である。すでにみたように、日本企業は表面上の掛け声とは裏腹に、専門教育の進展を重視せず、会社内での育成も不十分なままであった。

第5章では、こうした日本における人材育成の状況をマクロ的なデータとアンケート調査から考察する。なお、この章では企業における職業訓練に関する叙述が中心だが、学校教育に関する人的資本経済については、『増補　学校と工場――二十世紀日本の人的資源』（猪木二〇一六）を参照されたい。

最後となる第6章では、もう少し広い視点から「投資」について考えてみたい。ただでさえ「投資」が少ないのに、それ以上「投資」の範囲を広げて実現できるのか、という批判は承知の上だ。しかし日本が単に利潤追求だけの「投資」をよしとしないのであれば、より社会に貢献する、または生活水準を向上させる投資があることを紹介しておくのも無駄ではないと考えた。このような考え方に基づき、ここでは私たちの生活水準に関わる自然環境や健康なども含む、社会に必要な「資本」を考察する。

前著の最終章では、楽観的なシナリオと悲観的なシナリオを用意した。現在は前著執筆時（二〇一八年）よりも日本経済の状況がより深刻になっている。不良債権についても生産性についても、実際の日本経済は、筆者の不吉な想像以上に悪い方向へと傾いてしまったことから、なかなか楽観的な見通しを描きにくいのだが、その中で第6章はできうる限り、これまでの日本経済の流れに沿った方向性を示したと考えていただいてよい。

本書の執筆中であった二〇二四年六月には、政府が二〇二四年度の「骨太の方針」を発表している。これを読むと、本書と同様の危機意識がにじんでいる。もちろん政府の文書は、国民を突き放すような内容にはなっていないが、それを真に受けて政府が何とかしてくれるとは思わない方がよい。二〇一〇年代にあれほど派手に期待を持たせたアベノミクスも、今では円滑な経済政策の足かせとなっている。アベノミクスの教訓は、政府の経済政策には限界があるということだ。

二〇〇八年に米リーマン・ブラザーズの破綻によって表面化した世界金融危機時の円高を機に、すでに日本の生産能力の多くが海外へ移転した。二〇二四年二月の日本経済新聞「経済教室」にも書いたが、このままでは、日本からさらに有能な人材やカネが流出することになるだろう。政府頼りの社会主義的な政策は、短期的には心地よいかもしれないが、長期的には衰退を進めるだけだ。二〇世紀初めに「次の先進国」と期待をかけられたアルゼンチンと同じような末路を辿り、最終的には、チェーンソーを持った過激な自由主義者か、より国家主導の経済を主張するリーダーを抱かなければ国の再興が望めなくなるのだろうか。そこまでに至らないように願いながら、多くの人が危機感を持って、明日のために今日とは違うアイデアを実践してくれることを期待したい。

序章

日本は資本主義の落第生なのか？

†日本は資本主義経済の落第生か？

本書は、「投資」や「資本」を切り口にして、日本経済の過去、現在、未来を考えようとする著作である。日本経済について考えるのに、なぜ「投資」や「資本」から考え始めなくてはならないのか？　それは日本経済が資本主義をベースとしているからである。

まずは、経済を「生産」の側から見てみよう。「生産」とは「資本」と「労働」という二つの生産要素から生まれる。「「原材料」を忘れているのではないか」という指摘があるかもしれないが、その「原材料」もまた、どこかの企業で「資本」と「労働」を使って生産されているので、経済全体を考えると「生産」を究極的に支えているのは、「資本」と「労働」ということになる。

この二つの生産要素のどちらに重点を置くかによって、経済体制は変わってくる。資本主義とは、まさに「資本」を中心に運営されていく経済体制のことで、これは産業革命期の技術革新によって生まれた大規模な「資本（機械）」が、飛躍的に経済水準と生活水準を向上させたことから始まっている。

一方、この「資本」を中心に据える経済体制では、「資本」の所有者（資本家）に報酬を集めるために、労働者に公正な報酬が配分されないとして、「資本」の所有を労働者（または労働者の団体）に委ね、労働者本位の経済体制を目指そうとするのが社会主義、または共産主義だろう。

日本は第二次世界大戦前の一時期、ドイツがとった国家社会主義的な経済体制を志向したこともあるが、明治維新以来、また第二次世界大戦後も、基本的には資本主義的な経済体制を採用してきた。

社会主義体制の代表格であったソビエト連邦が崩壊した一九九〇年代以来、資本主義一択といった状況が続いてきたが、ここにきて資本主義は様々な批判にさらされている。特に日本にとっては、資本主義体制は必ずしもありがたいものではなかった。

一九八〇年代末に、資本主義の本家である米国に追いついたと思ったものの、その後長い停滞期に入り、中国さらにはドイツにも追い抜かれてしまった。一人当たりのＧＤＰ（所得）でも、世界のベストテンからいまや三〇位前後まで落ちている。その転落ぶりを見ると、自分たちがとっている経済体制が本当に正しいのかと疑いたくなる気持ちもわからないではない。ついには首相までもが「新しい資本主義」などという空虚な言葉を振り回し、巷では「地球環境保護の観点から資本主義を見直せ」との言説が、人々の喝采を浴びている。

日本は資本主義の落第生なのか？　今後日本は、一流の資本主義国家に返り咲くことはできるのだろうか？　そして資本主義は、どのような「豊かさ」を我々にもたらしてくれるのだろうか？　本書の主目的は、こうした問いに、まさに「資本」を通して答えようとするものである。

†市場と資本主義

本題に入る前に、資本主義経済の捉え方について述べておきたい。まず資本主義と「市場《しじょう》」の関係から始めよう。「市場」とは、人々が財やサービスを交換する場を指している。「市場」の歴史は、資本主義よりも古く、産業革命以前の中世でも、鎌倉時代や室町時代でも、人々は「市《いち》」やマーケットを利用してきた。

現代の経済学は、この「市場」の働きに関する様々な側面を対象としている。「市場」とはあくまで財やサービスの交換の場であって、資本主義以前にも存在している。その意味では、「市場」を主な分析対象とする現代経済学と資本主義は別の概念である。

それにもかかわらずなぜ、現在、資本主義を批判するために「市場原理主義」というような言葉が使われるのだろうか。多くの場合は、市場の機能といったことについて深く理解しないままに、現行の体制批判の用語として、「市場原理主義」や「新自由主義」という言葉を使っている可能性が高い。

しかし、先に述べたように、現代の経済学が対象とする「市場」には、「資本」などの生産要素が私有されており、多様な人々が自由にその生産要素を組み替えたり、自分が所有する財を選ぶことができるという前提がある。

つまり生産手段が公的な主体によって所有されたり、消費の対象となる財やサービスが制限され、価格も公的な主体によって決められている体制では、「市場」は本来の機能を発揮しないと考えられている。その意味で市場機能の分析と「資本」の私有を前提とする資本主義には、密接な関係がある。

考えてみれば、「市場」ほど平和に人の所有物を自分の所有物へと転換するシステムはない。人類の歴史上、他人の所有物を自分の所有物とするための手段として、「市場」は必ずしも一般的な手段ではなかった。むしろ、武器の力で相手の所有物を奪うという戦争行為がしばしば行われていた。

かつて日本が中国に攻め入った背景には、そのさらに南の地域にある石油資源を確保するという目的があった。現在でもロシアがウクライナに対して行っている行為は、強制的でかつ多数の死者を伴う方法での、他人の所有物の奪取と解釈することができる。それは、「市場」の機能に信頼をおかない歴史を持つ国の宿命なのかもしれない。

もちろん、「市場」を使わず、また戦争にも訴えない交換の手段として、互いに助け合う「互酬《ごしゅう》」という方法もある。しかし、コミュニティの規模が小さい昔ならいざしらず、巨大な現代社会では、自分が欲しいものを所有する相手を探すのに大変な労力を要する。貨幣は、こうした不特定の人たちとの財の交換を可能にする工夫の産物と言える。

✝資本主義の類型とは?

資本主義体制には、一つの種類しか存在しないのだろうか? そんなことはない。岸田《きしだ》文雄《ふみお》首相も自分の政策に「新しい資本主義」と名付けた以上、資本主義には様々な類型があると信じているのだろう。実際社会保障制度一つとっても、米国のように民間主体のものもあれば、北欧諸国のように国民が重い負担を引き受ける見返りに、公的機関が無料の公共サービスを提供している国もある。

一九八〇年代には日本でも「日本型資本主義モデル」というものが提示され、「米国型資本主義モデル」と対比する議論が盛んだった。これについては第5章で詳しく述べるが、いずれにせよ、こうした日本型資本主義という考え方は、一九九〇年代に入り、グローバリズムの中で資本主義の標準化が進むにつれて影をひそめることになった。

二〇二二年七月の日本経済新聞「経済教室」で、東京大学の星岳雄《ほしたけお》教授が、バブル崩壊以来の「失われた三〇年」を克服する方法は、「新しい資本主義」を提案することではなく、「普通の資本主義」を目指すことだと述べている。ここで「普通の資本主義」と呼んだのは、このグローバリズムの中で「標準化された資本主義」のことだ。「標準化」とは、できる限り市場機能を活用して資源を有効に利用することを意味する。この場合、固定的な資源があると有効活用が阻害されるわけだが、星が指摘するように、これは日本の労働市場において顕著である。

こうした議論は、経済学者の間ではごく標準的なものである。ただ問題なのは、第3章でも述べるように、日本はこれまでも「普通の資本主義」だったことはなく、停滞期に入ってから現在まで一貫して「普通の資本主義」への接近を拒んでいるように見えることだ。

つまり、「「普通の資本主義」の観点からは落第生でもよい」という考え方の背景を浮き彫りにしないことには、長期停滞の真の要因も今後の展望も明確にはならないのではないか、というのが本書の問題意識だ。

†「プロフェッショナル資本主義」と「アマチュア資本主義」

この「「普通の資本主義」の観点からは落第生でもよい」という、多くの人に共有されている考え方を説明するために本書で用いたいのが「アマチュア資本主義」というキーワードだ。「アマチュア」と言うのは、報酬を主目的にせずにスポーツや芸術的な活動を行う人を指すが、ここではある職種を専門性の薄い人が担当することも含まれる。

これに対して、星が言う「普通の資本主義」を、本書では「プロフェッショナル資本主義」と呼びたい。この二つの資本主義はどう違うのか？「プロの資本主義」と「アマチュア資本主義」が明確に線引きできるわけではないが、前者がより専門的な能力を重視した体制であるのに対し、後者は能力以外の要素も報酬や待遇に影響を与えるという特徴がある。そもそも大学を卒業してすぐに新卒で就職する人が大半ということ自体が世界標準からはずれているが、その際に「協調性」といった人間関係がかなりの割合で重視される点が「アマチュア資本主義」の良い例だ。

このように書くと、「アマチュアで何が悪い！　日本では報酬を目的としない高校野球や箱根駅伝が大人気だ。オリンピックもアマチュア精神が乏しくなったから魅力が低下したのだ」という反論が予想される。

だが、ここで議論したいのは、アマチュアだからいいとか悪いとか、そういうことではない。スポーツを見ればわかるように、多くの競技でプロのパフォーマンスはアマチュアをはるかに凌駕《りょうが》する。さらに大リーグで活躍する大谷翔平選手に象徴されるように、米国における「プロフェッショナル資本主義」では、「二刀流」という形で野球界にイノベーションをもたらした選手に最高の評価を下し、日本のプロ野球界が支払えないような高額の報酬を支払っている。

スポーツは一例に過ぎない。例えばOECD（経済協力開発機構）が行っている学力テストを考えてみよう。これは学習到達度テスト（PISA）と呼ばれ、義務教育が終了した一五歳の生徒を対象に学力を調べる調査である。めでたいことに最新の二〇二二年の調査で、日本はOECD加盟国の中で、数学的リテラシー一位、読解力二位、科学的リテラシー一位という素晴らしい結果を残している。

こうした輝かしい結果の一方で、日本のGDP（国内総生産）は四位に落ち、労働生産性のランキングでも三〇位前後に低迷している。明治以来の日本の経済発展の基礎には、高い学力や知識力があると言われていたことと、上記の二つの現象は矛盾しているように見える。

これは一つの仮説に過ぎないが、このOECDのテスト自体が「アマチュアのための学力テスト」だと考えるとどうだろうか？　もしこの試験の成績に報酬が絡んでいたならば、他国の学生も目の色を変えて勉強するのではないだろうか。そのことは、高等教育における日本の学生と米国の学生の違いを見るとはっきりする。高等教育段階での成績がその後の自分たちの報酬に関わってくると、米国の学生は目の色を変えて努力するが、日本の学生は自由時間を楽しみ、専門能力よりも人間関係や協調性に重点を置きがちだ。

ここでも、「報酬がなければ一生懸命行動しないというのは倫理的に問題だ」という批判があるかもしれない。しかし、これは経済活動に限ったことで、そうした「プロフェッショナル」な職場でも、例えば災害の際のボランティア活動に日本企業以上に熱心な外国企業もある。重要なことは専門性と報酬が連関し、専門性を磨くために報酬が一つのインセンティブになっているかどうかである。

スポーツの世界において、おおむねプロがアマチュアよりもパフォーマンスが優れているように、経済でもプロがアマチュアより優れた結果を残すのは当然と言える。よって、三〇年以上にわたる長期停滞は、日本が「アマチュア資本主義」にこだわったことの必然の帰結である。

繰り返しになるが、決して「アマチュア」が悪いと言いたいわけではない。しかし「アマチュア」にこだわるなら、賃金の持続的な上昇は望むべくもないし、イノベーションは先細り、感染症が起きても「我慢」を念仏のように唱えて過ごすしかない。短期的な為替《かわせ》レートは、外国と日本の金利差に反応するが、長期的には、生産性などの実体的なパフォーマンスにも影響される。コロナ禍から始まった円安も、こうした長年にわたる日本経済のパフォーマンスの悪さを反映していると言えるだろう。そうなると、サッカーや野球の国際大会の放映権料は高騰し、日本が生み出した才能の活躍も応援できなくなるかもしれない。「アマチュア資本主義」を堅持するなら、こうしたマイナス面を受け入れる、さらなる「我慢」が必要で、それを「「新しい資本主義」で成長する」といったような欺瞞《ぎまん》的な言葉使いで覆い隠そうとする行為は、日本経済が抱える問題の本質を見えにくくするだけだ。

†「資本」の捉え方

「アマチュア資本主義」は、この三〇年余り、なぜ日本が「プロフェッショナルな資本主義」に置いてきぼりにされたかを説明する一つのアプローチである。ただ、プロであれ、アマチュアであれ、経済を動かす主因が「資本」の蓄積にあることに変わりはない。これまでの日本の問題は、日本がアマチュアであるがゆえに、つまり金銭的な誘因が小さく、労働者の献身的な働きに期待をかけるだけで（これに昭和的、浪花節《なにわぶし》的な理屈を付け加えて）、経済が一向に前向きに動かないことである。

日本では「プロフェッショナル資本主義」に批判的だと受け止められている、コロンビア大学教授のジョセフ・E・スティグリッツですら、日本は投資不足だと指摘している（二〇二四年三月一三日読売国際経済懇話会での講演）。そうすると、本書の主題は、「アマチュア資本主義」のもとで今後日本はどのような資本の蓄積を目指せばよいかということになる。ただ具体的な「資本」の話をする前に、本書で議論する「資本」の捉え方を明確にしておこう。大阪大学名誉教授の猪木武徳は、初学者向けの解説本『経済社会の学び方』において、「資本」という概念の定義が人によって大きく違うことを指摘している。

多くの大学で教えられている経済学における「資本」とは、労働力と並ぶ生産要素の一つであり、通常は工場の建屋やその中にある機械を指している。一方マルクスが捉えた「資本」は、「資本家の所有物」であるが、それは設備として「利潤」を生み、「貨幣」へと姿を変え、また「利潤」を生みだす「資本」へと転化していく。

実際、マルクス経済学者である、大阪市立大学名誉教授の（現大阪公立大学）宮本憲一《みやもとけんいち》は、キャリアの後半で新古典派経済学に対して批判的であった宇沢弘文《うざわひろふみ》（東京大学名誉教授）に対して、自分達の理論は似ているが、「資本」に対する考え方は異なっていたと述べている。つまり宮本はすでに見たようなオーソドックスなマルクス経済学に基づいた「資本」

を想定していたのに対し、第6章で述べるように、宇沢は自らが提唱していた「社会的共通資本」を、経済的な「豊かさ」よりも幅広い豊かさを提供する源泉として捉えていた（宮本・西谷二〇一五）。

さらに所得分配の不平等に関する『21世紀の資本』で一躍名をあげたトマ・ピケティが言う「資本」は、資本家階級が持つ設備だけでなく金融資産も含んでいる。

こう考えると、マルクスの考える「資本」はより観念的だが、我々が日常の生活で捉えている「資本」というのは、もっと実際的なものである。岸田首相が掲げる「新しい資本主義」が、ふわふわとして捉えどころがないのも、こうした「資本」に関する理解が欠けているからなのだろう。そもそも実践的な経済政策の担い手である政府が、安易に「主義」を掲げることからして奇妙だと言わざるを得ない。

それでは本書で扱う「資本」とは何か？　それは、通常の経済学で扱う生産要素（手段）としての「資本」である。

一九六〇年代の代表的なSF映画に、スタンリー・キューブリック監督の『２００１年宇宙の旅』（今日では過去の話になってしまった）がある。この最初の場面で、人類の祖先が道具を使うことで、他の動物より優越的な立場へと進化するシーンがある。その人類が初めて手にした道具がヨハン・シュトラウスの「美しく青きドナウ」の旋律とともに宇宙船へと姿を変える場面は、人類を人類たらしめる道具こそが「資本」であることを象徴している。本書における「資本」はそれほど深みのあるものではないが、これから述べるように、単なる言葉遊びではなく、私たちの生活水準の向上に大きく関わっていることは確かである。

†「投資」と「資本」の関係は？

それでは、「投資」と「資本」というのは、いったいどのような関係にあるのだろうか？

単純化して言えば、毎期の「投資」を足し上げたものが「資本」である。家計で言えば、毎期の貯蓄額の累積が、その家計の貯蓄残高または保有金融資産残高になる。これと同じく、毎期購入していった機械の合計が「資本」になる。こうした実物資産は、「資本ストック」と呼ばれることもあるが、ここでは当面「資本」と略して話を進める。

しかし家計は貯蓄する一方で、必要に応じてその貯蓄から生活に必要な資金を引き出す。そうすると、貯蓄を引き出した後の貯蓄残高は、これまでの貯蓄残高から引き出し額を引いたものになる。

「資本」の計算もこれと同じで、「生産」に使用している機械は、やがて古くなったり故障したりして廃棄される。または使っていくにしたがって生産力が低下する場合もある。

例えば犬を飼っている家の掃除機は、利用するたびに犬の毛がからまって段々と吸引力が落ちてしまう。もちろん毎日手入れをするだろうが、それでも能力の低下は避けられない。このため、ある時点の資本というのは、これまでの「投資」の累積から設備の廃棄や減耗分（設備の使用による生産力の低下分）を引いたものになる。つまり、

今期の資本＝前期の資本＋今期の投資－資本（設備）の減耗または廃棄分

ということになる。

「投資」という言葉について、もう一つ注意しなくてはならないことがある。先ほど建物や機械を「資本」と呼ぶだけでなく、金融資産に関しても「資本」と呼ぶ場合があると述べた。「投資」の場合も同じで、ここで説明した長期的に使用する生産要素を購入する場合だけでなく、金融資産を購入する場合も「投資」と呼んでいる。かつては、建物や機械へなどの実物資産への投資を investment と呼んでいたが、最近では株式や債券などの金融資産の購入を指すことが多いようである。政府が「貯蓄から投資へ」と言う場合は、この後者の意味で「投資」を使っている。

†ジョーン・ロビンソンの資本論

先に説明した「投資」や「資本」に対して、深い洞察力を発揮した経済学者がジョーン・ロビンソンである。彼女は、ジョン・メイナード・ケインズがケンブリッジ大学で『雇用・利子および貨幣の一般理論』(通常「一般理論」と呼ばれている)を執筆する際の勉強会(ケインズ・サーカス)の一員であった。

ケインズの一般理論が、大不況からの克服をテーマにした景気循環論であるのに対し、ロイ・ハロッドやジョーン・ロビンソンらは、これを長期の成長論の枠組みで捉えようとした。第二次世界大戦後、経済学の中心は米国に移り、現在ではジョーン・ロビンソンも忘れ去られた存在だが、彼女は「資本」の概念を通して、標準的な経済学に対して二つの批判を行っている。

一つは、「資本の固定性」と呼ばれる批判である。つまり、「資本」は過去の「投資」の蓄積であるがゆえに、過去の企業の意思決定を引きずっている。

設備のストックと資産の額は一定となる。というのは、そのような資源の所有者と経営者とが現在の水準が望ましいとして選択したからである。

（ジョーン・ロビンソン『異端の経済学』）

したがって、経済環境が変わり、新たな意思決定が必要となったとしても、その決断を一気に変更させることが難しくなる。こうした過去に捕らわれて決断が制約される状況を指して、彼女は「固定性」と呼んでいる。

投資が行われて、事業が確立してから生産能力を減少するということは、時間のかかることでもあり、苦痛をともなうことでもある。（同前）

資本主義経済では、様々な財・サービスが状況の変化に応じて流動的に移動することで効率性が発揮される。そのような世界で「資本の固定性」が存在すると、環境の変化に対応できず、設備の未利用などから、資本主義経済の効率性が損なわれることになる。その意味で、「資本の固定性」は、資本主義経済及び標準的な経済学に対する批判の一つとなっている。

もちろん標準的な経済学は、こうした批判に対応した考え方を提示している。つまり、一部の不採算な「資本」をより効率的に運用できる経営ノウハウを持っている経営陣に売却してしまえばよいのである。

典型的な例は、セブン・イレブンが売却した西武池袋本店だろう。ここは確かに歴史のある日本有数の百貨店だが、日本ではすでに百貨店ビジネスが衰退しており、ヨドバシカメラのような専門店の方が将来性があると判断されたのだろう。つまりここでは、過去からの「資本」を将来に向けて有効活用するという形での転換が行われたと言える。

しかし、日本ではこうした事例に対してネガティブな反応が多い。この売却に際して二〇二三年八月三一日にストライキが実施されたが、このストライキに対しては、不思議なことに経営者の団体である経済団体連合会の会長も同情的であった。つまりジョーン・ロビンソンの「資本」に対する見解は、日本企業にはよくあてはまる。つまりこの例は、過去の意思決定に囚われてなかなか前向きな決定ができず、ビジネスチャンスを逃してきた「アマチュア資本主義」における日本企業の特質を表してもいる。

ジョーン・ロビンソンによる二つ目の批判は、そもそも「資本」というのはきちんと計測できるのかというものである。同じ生産要素でも労働力は、「生産」に投入された人数や働いた時間で捉えることができる。それに比べて「資本」は、例えば航空機会社であれば飛行機は一「機」と数えるものの、様々な運搬機は一「台」と数えるなど単位も揃っていない。このため購入額をある時点の物価で評価するようにしている。

しかし、ジョーン・ロビンソンの批判はもっと鋭い。彼女は同じ機種の飛行機であれば、一機、二機と数えることができるが、技術レベルの異なる機種は、どのように集計していくのか、それはたとえ金額ベースで集計したとしても価値が違ってくるのではないかと批判したのである。

確かにもっともだが、「それが経済のどの部分と関係があるのか」という疑問をお持ちの方もいらっしゃるかもしれない。実は経済学では「生産」を考える際に、「資本」の増加とともに「生産」も滑らかに増加するという連続的な生産関数を考え、これによって、望ましい利潤率といった概念を導出している。

しかし、資本量が計測できなかったり、ぎくしゃくした動きをしていると、こうした標準的な経済学の存立そのものが危うくなってしまうのだ。したがってこうした批判は、当時（今もだが）標準的な経済学の総本山であったマサチューセッツ工科大学（MIT）教授のポール・サミュエルソンやロバート・ソローに向けられた。MITは米国マサチューセッツ州のケンブリッジにあり、ジョーン・ロビンソンは英国のケンブリッジ大学の教授だったので、一九六〇年代の論争は「ケンブリッジ－ケンブリッジ論争」と呼ばれた。

ただ、さすがに半世紀もたつと、こうした批判に対してもある程度の答えは出てきている。生産関数だけでなく、設備投資も滑らかな動きをするように考えられているが、実際に個々の企業の設備投資活動は、それほど滑らかなものではない。

例えば、電力会社が発電所を一基増設すると、その電力会社の設備量は大きく変化する。こうした現象を経済学では「投資スパイク」と呼ぶ。「スパイク」とは、英語で「尖ったもの」を指すが、大規模な「投資」を行うとデータ上は、その時期だけグラフに棘のような形状が現れるので、この用語が使われている。二一世紀に入ってからは、こうした個別企業の「投資スパイク」の要因についても分析が進んでいる。

また技術の進歩をどのように評価するかについても、一九九〇年代から研究が進んでいる。例えばパーソナル・コンピューター（PC）は、モデルチェンジのたびに処理速度が上昇するなど、性能が向上しているが、価格はそれほど変化していない。こうした場合も同じ価格であれば、性能が向上した分だけ、新しいモデル一台は、過去のモデルの性能向上分だけの台数に換算されるようになっている。あるいは新しいモデルの価格を低下させて、実質的に古いモデルの数倍分の台数と換算できるようにしている。

†日本は資本不足？

先ほどの『2001年宇宙の旅』で言えば、人類は道具（または「資本」）を手にすることで、自分より強大な動物を倒し、その肉を食して生き延びることができるようになる。

さらには、その道具によって農耕を始め、より豊富な食料に恵まれることになる。つまり人類はどんどんと豊かになっていくのだが、それは長持ちする道具、つまり「資本」なくしては実現しえないことだ。このことから、経済的な豊かさを増進していくために「資本」が不可欠な要素だということがわかる。

経済学では、この経済的豊かさを「一人当たりのGDP」で表す。そしてこの「一人当たりのGDPの伸び率」は、次式のように「一人当たりの資本の伸び率」が増加すれば増加すると考えられている。

一人当たりのGDPの伸び率＝一人当たりの資本の伸び率＋技術進歩率

逆に言えば、「資本」の伸びがなければ、経済的な豊かさの向上は実現できない。もちろん技術が進歩すれば、資本の不足を補うことができる。しかし「資本」の伸びを伴わない技術進歩というのは、既存の仕事の枠組みの中での合理化や効率化によるもので、その伸びにも限度がある。

二〇〇八年に世界金融危機（いわゆるリーマン・ショック）が起き、先進国は以前よりも経済成長率が低下した。経済学者やエコノミストは、二〇一〇年代を通してその要因を議論

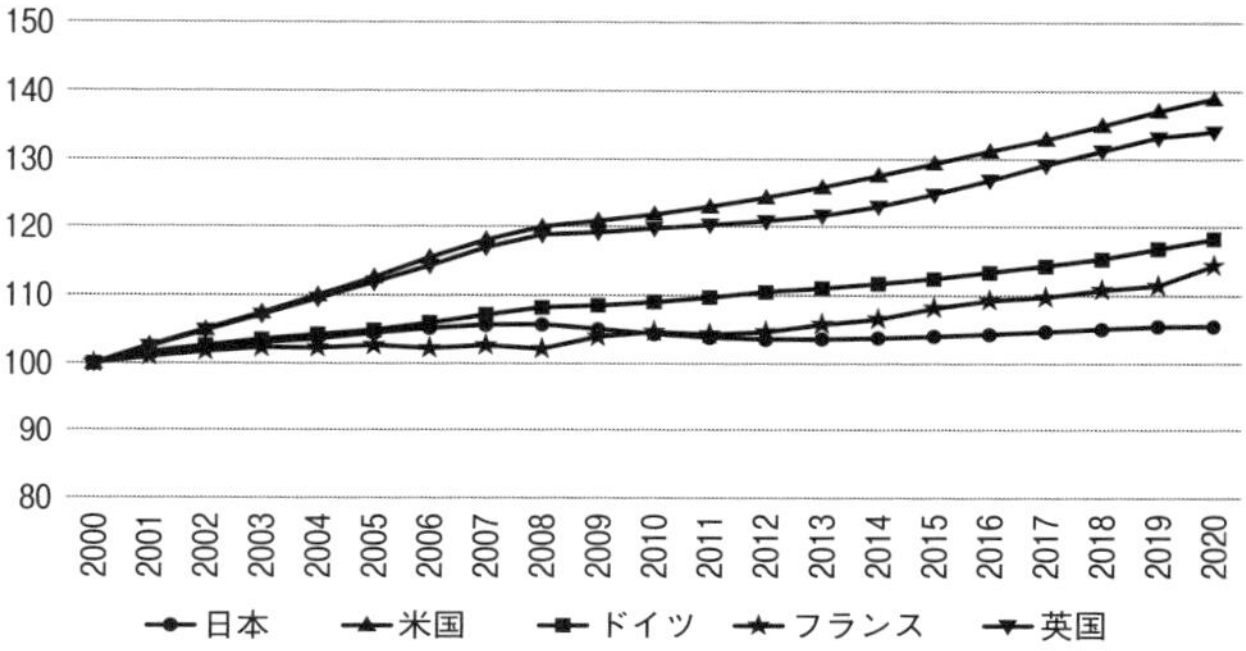

図0－1　先進国の資本の伸び（2000年＝100）
出所　JIP 2023データベース及び EUKLEMS/INTANProd 2023 released

した。その議論の内容については、次章で詳しく説明するが、有力な要因の一つに投資不足が挙げられている。

二〇二二年一〇月に、英国のマンチェスターで生産性に関する国際コンファレンスが開かれた。そこに招待講演者として登場したロンドン・インペリアル・カレッジ教授のジョナサン・ハスケルは、「投資と生産性」と題する講演を行い、英国で生産性が低迷している主要因として、設備投資の低下を挙げた。これは、先ほど引用したスティグリッツの講演と同様の考え方である。

図0－1は、今世紀に入ってからの、日本と欧米主要国に関する資本ストックの推移を見たものである。確かに英国は二〇一〇年における資本ストックは二〇〇〇年と比べて一・二倍あるものの、二〇二〇年の資本ストックは二〇一〇年の資本ストックの

一・一二倍にしか増えていない。ドイツやフランスは英国とは少し異なる動きを示しているが、米国はやはり二〇一〇年までは一・二倍だったのに対し、二〇一〇年から二〇二〇年までは一・一四倍にしか資本ストックが伸びていない。

この中で特に異彩を放っているのは日本である。二〇二〇年の日本の資本ストックは、二〇一〇年の一・〇一倍、つまりほとんど横ばいである。実は二〇一〇年は世界金融危機によって資本ストックがすでに減少していた。したがって、二〇二〇年の日本の資本量は、二〇一〇年を少し上回っているものの、二〇〇八年のピークよりも低いのである。

つまり欧米先進国の中で、日本の資本量だけが縮小しているのである。当然のことながら中国や韓国は、欧米先進国を上回る設備投資を行ってきた。二〇一〇年代に入ってから、日本が様々な分野で中国や韓国に追い抜かれているという報道が相次いでいるが、これは将来に向けての「投資」で大きく差をつけられた当然の結果と言ってよい。

そして資本不足は、一人当たりのGDP、つまり経済的豊かさの低下につながる。図0-2は、二〇二二年度版(二〇二三年一二月公表)『国民経済計算』(GDPデータを公表している統計)に掲載されている一人当たりGDPの国際的な順位である。

図0-1における資本の伸びの低迷に呼応するように、一人当たりのGDPの順位も低迷し、二〇二二年には日本は二一位となっている。国際的な順位の推移だけ見ると二〇〇

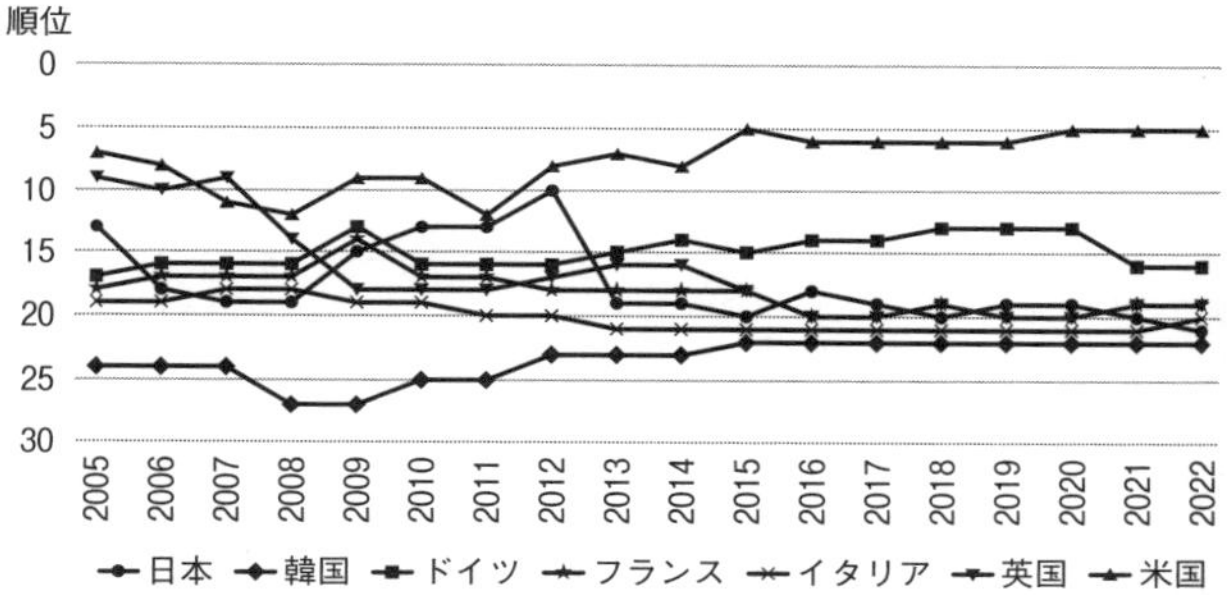

図0-2　1人当たりGDPの順位
出所　内閣府（国民経済計算）

〇年代の始めから今日まで大きく順位を落としたようには見えないが、実際の金額（ドルベース）で比較すると、二〇〇五年の米国の一人当たりGDPは四万四〇〇〇ドルだったのに対し、日本は三万八〇〇〇ドルと米国は日本の一・一六倍であった。それが二〇二二年には米国が七万六〇〇〇ドルだったのに対し、日本は三万四〇〇〇ドルと二・二四倍もの差が開いている。

もちろんこの差の中には、円の価値がドルに対して低下した影響も見られる。しかしその低下はこの期間で一九％程度であり、この期間で広がった七倍もの差を説明することにはならない。またこの期間は米国が物価上昇を続け日本がデフレであったという影響も見逃せないが、やはり図0-1に見られるような「資本」の伸びの差も大きく影響している。

†見えざる資産の存在

ただ最近の設備投資の減少は、世界金融危機の後遺症というだけではなく、新たなタイプの設備投資が現れていることも影響している。それは「無形資産（見えざる資産）」への投資である。

「無形資産」については、前著『生産性とは何か』で説明したが、一九九〇年代から始まったICT革命により、様々な生産過程で、ソフトウェアが非常に重要な役割を担うようになった。ソフトウェアは、PCのような機器と異なり目に見えないものなので、これを「無形資産」と呼んでいる。「無形資産」には、こうしたソフトウェアの他に、研究開発活動によって蓄積された技術知識や、マーケティング活動によって得られたブランド価値、新たな技術を活用するために不可欠なスキルを有する人材などがある。いずれも、今日のビジネスには不可欠な要素である。

ただここで再びジョーン・ロビンソンの批判が蘇る。「「見えない資産」をどのように計測すればいいのか？　それは「見える資産」を計測するよりもはるかに難しいではないか」。確かにおっしゃる通りである。しかし、こうした「見えざる資産」も市場での取引さえ把握できればある程度は把握可能である。

例えば、金融機関の勘定システムの構築には膨大な資金が投じられているし、大抵の企業は業務用のソフトウェアを購入している。それでもこうしたデータを統計的に把握するには時間がかかる。

皮肉なのは、ジョーン・ロビンソンのかつての論敵であったロバート・ソローが、「PCは至る所で目にするのに、統計上の生産性には変化がない」とデジタル化に関する計測の不十分さを嘆いている点だ。

本書第4章では、このデジタル化が経済に与える影響を考える。とはいえ、ただデジタル化をしただけでは、生産性向上などの成果につなげることは難しい。それをより有効活用できる人材無くしては、デジタル化を達成したとは言えないのだ。したがって第5章では、この人材への投資の問題を取り上げる。

†広がる「資本」の範囲

ここまで読み進んできた読者は、「資本」の範囲がどんどん広がっていることに驚かれているに違いない。実は経済の世界でも、「資本」の範囲を広げると同時に「豊かさ」の考え方も変えていこうという動きがある。

例えば、二〇〇九年に当時のフランス大統領だったニコラ・サルコジの呼びかけで創設された「経済パフォーマンスと社会進歩に関する委員会」において、アマルティア・セン、ジョセフ・スティグリッツ、ジャン゠ポール・フィットウシらは、GDPの枠組みを超えて社会の豊かさを計測する必要性を訴えた。

この新たな「豊かさ」を計測する手段の一つが「資本アプローチ」と呼ばれるものだ。「資本アプローチ」では、従来の経済成長をもたらす「資本（生産資本または人工資本と呼ばれている）」、第5章で説明する「人的資本（いわゆる人材）」、そして「自然資本」の三種類の資本を「包括的資産（inclusive wealth）」と呼び、この三種類の組み合わせが豊かさの源泉になるとしている。

資本アプローチというのは、一九八三年に国際連合に設置された「環境と開発に関する世界委員会（通称ブルントラント委員会）」が一九八七年に公表した報告書で、「持続可能な開発」という概念を提起したことに端を発している。

しかしそれより以前の一九七〇年代に、当時東京大学教授であった宇沢弘文は、「社会的共通資本（Social Common Capital）」という「資本アプローチ」に似た概念を提起している。宇沢は資本主義経済が豊かさを生み出す前提として、「社会インフラ」、「自然資本」、「制度資本」の充実が必要であると説いていた。本書の最終章（第6章）では、こうした新たな豊かさをもたらす「資本」の概念について詳しく説明していきたい。

†投資なくして「豊かさ」なし

当たり前のことだが、人々にとって経済活動自体は目的ではなく、「豊かさ」を実現するための手段の一つに過ぎない。ただ、「豊かさ」の捉え方は人によって大きく異なるため、経済学は、その「豊かさ」の実現にとって欠かせない「経済的な豊かさ」の実現に焦点を当て、それ以外の豊かさについては、それぞれが自分で考えていけばよいという姿勢をとっている。

とはいえ広義の「豊かさ」においても、個人が単独で選択したり実現したりするのが困難なものがある。先に述べた我々の生活環境や社会インフラなどがそれにあたる。こうした「資本」には、「プロの資本主義」からは見向きもされない「資本」も含まれる。ここで、利潤追求とはかけ離れた「アマチュア資本主義」の出番ではないかと思われるのだが、実は日本はこうした「資本」の蓄積にも積極的ではない。

ジョーン・ロビンソンが主張したように、「資本蓄積」や「投資」は、未来を切り拓くための手段である。その手段の行使に意欲がないということは、この国は未来への意欲をなくした国だとみなされても仕方がない。

ただ、日本ではあまりにも長く経済が停滞し続けてきたため、もはやどのような「投資」が我々に豊かな未来をもたらしてくれるのか、わからなくなってしまった方も大勢いるだろう。「プロフェッショナル資本主義」であれば、「利潤率の高い投資から始めるべきだ」というのが正答だが、もし「アマチュア資本主義」を貫きたいのなら、別の途もある。いずれにしても投資をしなければ何も始まらず、座して死を待つだけで終わるということは肝に銘じて、これからの章を読んでいただきたい。

序章のポイント
◎日本の「アマチュア資本主義」は行き詰まりを見せている。
◎日本の「投資」不足は顕著である。
◎「プロフェッショナル資本主義」と異なる「豊かさ」を目指す場合でも「投資」は不可欠だ。

I

投資なき長期停滞

第1章

なぜコロナ前を容易に超えられなかったのか?

†コロナ禍における三年間の総括

令和に入って今日に至るまでの日本経済を特徴づけるのは、やはり新型コロナウイルスの感染拡大の影響だろう。二〇一九年一二月に中国で感染が確認されたこの新たなウイルスは瞬く間に世界中に広がり、二〇二〇年三月には世界保健機構(WHO)がパンデミック宣言を発出した。このときから、世界中がロックダウンなどの行動制限を行い、新たなウイルスに対して対策を試行錯誤し始めた。日本でも、二〇二〇年、二一年の二年間に四度の緊急事態宣言が発出され、そのたびに経済は落ち込みを余儀なくされた。

先の見えないパンデミックに対する一筋の光明は、予想外に早く完成したワクチンであった。最初の感染確認から約一年たった二〇二〇年一二月から、英国でワクチン接種が開始された。日本は他の先進国に比べ認可や接種の開始時期が遅れたが、接種率の向上に注

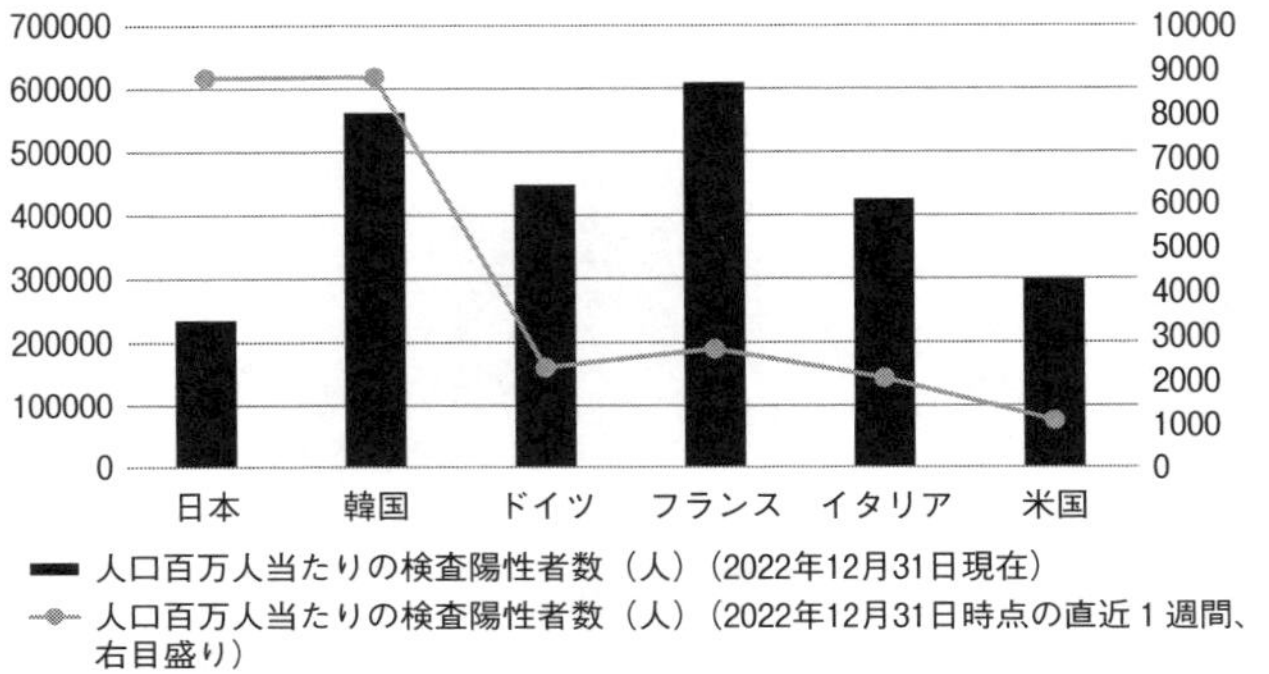

図１－１　検査陽性者数の国際比較
出所　https://web.sapmed.ac.jp/canmol/coronavirus/death.html

力したため、二〇二一年の秋にはほぼ欧米並みの接種率に到達した。

しかし、ワクチンの普及も感染に対しては万全ではない。二〇二一年末から感染の拡大をもたらした変異株のオミクロン株は、各国で感染開始から二年間の感染者数を超える感染者数を生み出した。韓国は、三回目のワクチンに関しては先進国の中でもトップクラスの接種率であったが、二〇二二年に入ってからの感染者数は、累積感染者数の九割を占めた。

図１－１と図１－２は、日本と海外の主要国における二〇二二年末の新型コロナウイルスの感染状況である。データが二〇二二年末までなのは、ヨーロッパ諸国で、二〇二二年に入って行動制限を緩め、二〇二三年に入って各国とも感染者数の正確な把握をとりやめたからである。

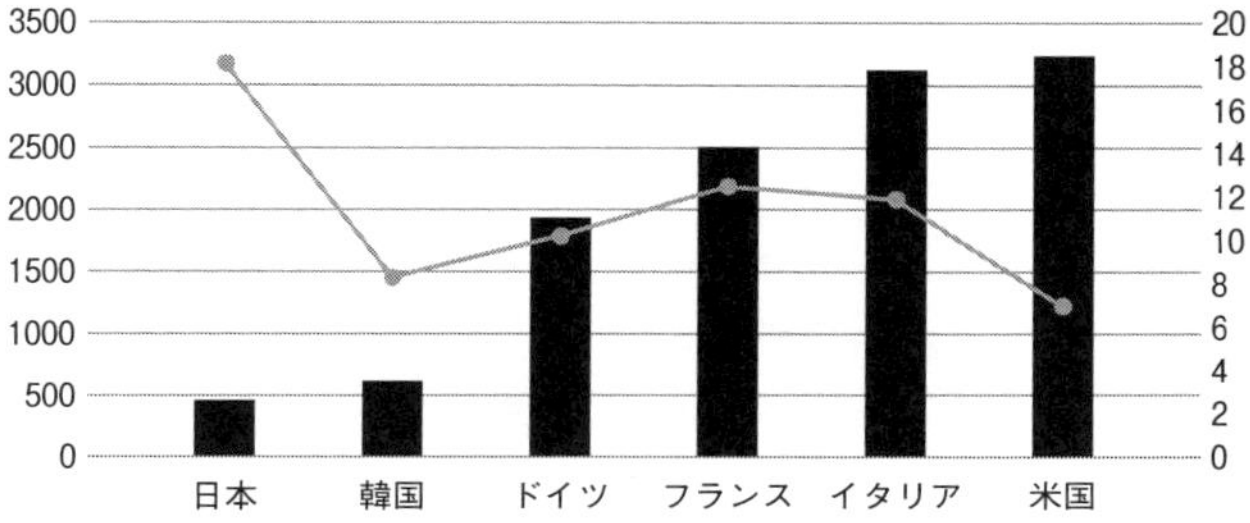

図1－2　新型コロナによる死者数の国際比較
出所　https://web.sapmed.ac.jp/canmol/coronavirus/death.html

一方、日本では、図1－1で示した人口一〇〇万人当たりの検査陽性者数（感染者数）がヨーロッパ諸国に比べてはるかに少ないものの、依然として新型コロナウイルスを二類相当の感染症として分類し続けた。二〇二二年二月に大幅に行動制限を緩和したデンマークでは、同年四月頃には、国民の二人に一人が感染を経験している。二〇二〇年の感染拡大当初は、デジタル化を駆使した感染者や濃厚接触者の早期把握によって新規陽性者数を抑制していた韓国でも、二〇二二年に入ってからは急増し、二〇二二年末には国民の半数以上が感染を経験している。日本も二〇二二年にはかなりの感染者が出たが、それでも感染者の割合は全人口の四分の一程度であった。

図1－2は人口一〇〇万人当たりの死者数である。検査陽性者数は、無症状の感染者の状況や検査方法

などにも影響されるが、死者数はそうした国別の違いが少ないと考えられる。そしてここでも日本は、欧米諸国に比べて死者の割合が少なかった。総じてアジア諸国は、欧米諸国よりも死者数が少ないが、その中でも日本は中国を除いて死者数が最も少ない国の一つである。高齢者の比率が高い日本で、なぜ死者数が少ないかについては様々な説が出されているが、これについては今後更なる検証が必要だろう。

以上、感染が始まってから、新型コロナウイルスの感染法上の区分が五類相当になるまでの三年余りの感染状況や経済への影響を概観してきた。まとめてみると、日本は高齢化率が高く、感染者が重症化や死に至る確率が高いにもかかわらず、感染者（検査陽性者）数、死者数ともに、国際的にみれば相対的に被害が少なかった国に入る。

また内閣官房「新型コロナウイルス感染症対応に関する有識者会議（二〇二二）」によれば、新型コロナウイルスの流行前のトレンドから、予測される死亡者数を超える超過死亡者数も、わずかながらマイナスとなっている。もっともその後、超過死亡者数が増えているが、その背景に新型コロナウイルスの感染防止に医療資源が偏ることにより、他の病気の治療まで手が回らないようなことがあったかどうかは、今後精査が必要である。

ただ、鈴木（二〇二一）が指摘しているように、日本が人口当たり世界一の病床数を保有しながら、新型コロナ用の病床としては、そのわずかしか提供できなかったということは、日本における医療面での好パフォーマンスが、必ずしも日本の医療制度と直結しておらず、国民の自発的な感染防止策や自粛行動に大きく依存していたことを意味している。そして、こうした国民の自発的な行動制限に依存した感染防止策は、他国よりも経済面での回復を緩やかにするとともに、感染症のような危機に対する日本の医療制度の有効性に疑義を生じさせる一因となっている。

†マクロ経済面の国際比較

この医療面の結果をこの間の経済パフォーマンスと合わせてみると、また違った側面が見えてくる。新型コロナウイルスの感染拡大に関する経済的影響をまとめたものとしては、『コロナ危機の経済学――投資と分析』(小林・森川二〇二〇)や『コロナショックの経済学』(宮川二〇二一)などがあるが、これらはコロナ禍の初期の状況を分析したものなので、ここではあらためてコロナ禍が一段落するまでの状況を概観しておこう。表1－1は、新型コロナの感染拡大期における経済パフォーマンスの国際比較を行ったものである。

感染拡大が始まった二〇二〇年に、日本のGDPはマイナス四・三%まで落ち込んだ。二〇二一年には二・一%に回復したが、一年のうちほぼ九カ月の間、緊急事態宣言が発出されていたため、当初日本政府が目標とした二〇二一年中のコロナ禍以前の水準への復帰

GDP 成長率（新型コロナ時）（%）					GDP 成長率（世界金融危機時）	
	2020	2021	2022	2023	GDP 成長率（2009年（%））	2008年の GDP 水準を超えた年
日本	−4.2	2.7	1.2	1.7	−5.7	2013
中国	2.2	8.5	3.0	5.2	9.5	−
インド	−5.8	9.7	7.0	7.8	7.9	−
韓国	−0.7	4.3	2.6	1.4	0.8	−
ドイツ	−3.8	3.2	1.8	−0.3	−5.7	2011
フランス	−7.5	6.3	2.5	0.9	−2.9	2011
イタリア	−9.0	8.3	4.0	0.9	−5.3	−
英国	−10.4	8.7	4.4	0.2	−4.6	2012
米国	−2.2	5.8	1.9	2.5	−2.5	2011

表１−１　コロナ期間における各国の経済状況
出所　内閣府及び各国政府公表値

は叶わなかった。

これに対して中国は、新型コロナの感染拡大下においてもプラス成長を維持しており、韓国も二〇二〇年は若干のマイナス成長だったが、二〇二一年には早くもコロナ禍以前の水準を超えている。日本と韓国とはコロナ禍の前から、一人当たりの所得でほぼ並んでいる状況だったが、今回のコロナ禍における経済パフォーマンスの差から韓国が日本を若干上回るようになった。

米国もまた韓国と同じく二〇二〇年にはマイナス成長を記録したが、二〇二一年には早くもコロナ禍以前の水準を上回っている。しかしヨーロッパ諸国では、ドイツこそ日本と同じような落ち込みであったが、その他の国では日本を大きく下回るマイナス成長となった。その後二〇二一年には急速な回復を示し、このまま行けば二〇二二年にはコロナ禍前の水準に戻ると考えられたが、二〇二二年二月にロシアがウクライナに侵攻し、それに伴う食料・エネルギーを中心とした経済混乱により先行きが不透明となった。

こうした日本の緩慢な回復は、二〇〇八年九月に米国の巨大投資銀行リーマン・ブラザーズの破綻によって引き起こされた世界金融危機を思い起こさせる。この危機で日本はドイツと並びGDPの大幅なマイナスを記録しただけでなく、急激な円高もあり、その後の回復が非常に緩やかで、世界金融危機前の水準に戻ったのはなんと二〇一三年になってからであった。

†リーマン・ショックとの比較

新型コロナウイルス感染拡大の日本経済への影響は、二〇〇八年から〇九年にかけて起きた世界金融危機よりは、若干マイナスの影響が小さかった。その背景には、輸出の回復が比較的早かったことが挙げられる。

輸出の底は最初の緊急事態宣言中の二〇二〇年五月であり、その後は中国向け輸出の回復と、それに続く米国向け輸出の回復によって二〇二〇年末には早くも二〇一九年末の水準に戻っている。これに対して、米国発の世界金融危機時には、米国経済のみならず世界貿易までも縮小したため、二〇〇〇年代から外需への依存を深めた日本経済に大きなマイナスの影響を与えた。加えて当時の急激な円高が、さらに輸出の下押し要因となったので

	2021年7月	2019年7月	2010年7月	出所
失業率（%）	2.8	2.3	5.0	総務省「労働力調査」
休業者数（万人）	212	186	140	（独）労働政策研究・研修機構
自殺者数（人）	21,081（2020年）	20,169（2019年）	31,690（2010年）	警察庁
倒産件数（件）	476	802	1,066	（株）東京商工リサーチ

表1－2　世界金融危機、コロナ禍前後の経済指標の比較

ある。

表1－2は、景気が落ち込むと悪化する各指標を、世界金融危機時（二〇一〇年七月）、新型コロナウイルス感染前（二〇一九年七月）、新型コロナウイルス感染拡大期間（二〇二一年七月）で比べたものである。

例えば失業率を見ても、世界金融危機時は五％を超えていたにもかかわらず、コロナショック時は、コロナ禍前とあまり変わらず二・八％である。これは世界金融危機が当初米国発の経済ショックであり、日本は当事者意識が薄かったのに対し、新型コロナウイルスは、行動抑制など明らかに景気に対してマイナスの政策を取らざるを得なかったことから、雇用調整助成金などの支援を素早く行ったことによると考えられる。

ただ緊急事態宣言などによる行動制限は確実に需要を減少させるため、雇用は維持されても現場に立てない休業者が増えることになった。コロナショック時の休業者数は、世界金融危機時の休業者数よりも七〇万人も多くなっている。雇用者への助成金だけでなく、

企業への助成金も素早く支払われた。このため、コロナショック時の倒産件数も世界金融危機時の半分以下に留まっている。

†コロナ禍がもたらした産業間の格差

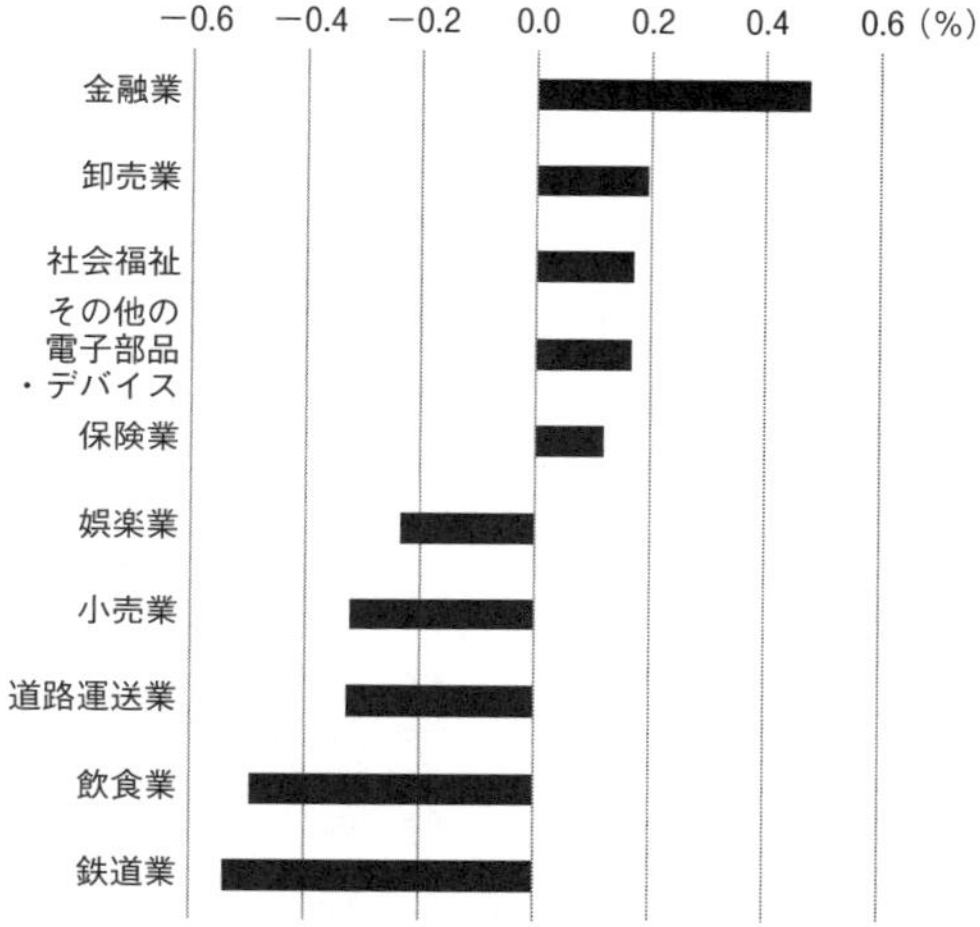

図1-3　コロナ危機と世界金融危機における産業別付加価値貢献度の比較

このようにマクロ的に見ていくと、今回の新型コロナウイルスの感染拡大は、これまでの経済危機よりも落ち込みが小さかった。しかし、これはあくまでもマクロ面の話であり、個々の産業レベルでは、これまでの日本経済が経験したことがないような現象が起きていた。

図1-3は、コービー・ガーナー他の論文にならって、世界金融危機時（二〇〇七年〜〇九年）とコロナ危機時（二〇一九年〜二〇年）における経済全体

の付加価値の変化に、各産業がどれだけの寄与をしたかを計算し、日本産業別生産性データベース（JIPデータベース）を使って両期間の差をとったものである（Garner et al. 2022, Miyagawa and Ikeuchi 2023）。

ＪＩＰデータベースには一〇〇種類にわたる産業のデータが含まれるので、ここでは、今回のコロナ危機時に、世界金融危機時よりもＧＤＰへの寄与が大きかった上位五業種と、逆に今回のコロナ危機において世界金融危機よりも付加価値が低下した幅が大きかった五業種を選んでいる。

ここで、今回のコロナショックで世界金融危機よりも経済全体の付加価値への貢献度が最もプラスだったのは金融業となっている。これは建設業の寄与が最も大きかったガーナーらの調査結果とは異なっている。恐らく日本の場合は、新型コロナ対策の一環として無担保・無利子融資が金融機関を通して行われたために、金融機関の経済全体への寄与度が高まったと思われる。

米国では、世界金融危機時に不動産バブルが崩壊したため、建設業の活動が大きく落ち込み、コロナショック時との差が大きくなったようである。一方、コロナショック時に世界金融危機よりもマイナスが大きかった産業としては、鉄道業、飲食業、道路運送業、小売業、娯楽業であり、これは飲食業や交通サービスでのマイナスの影響が大きかった米国

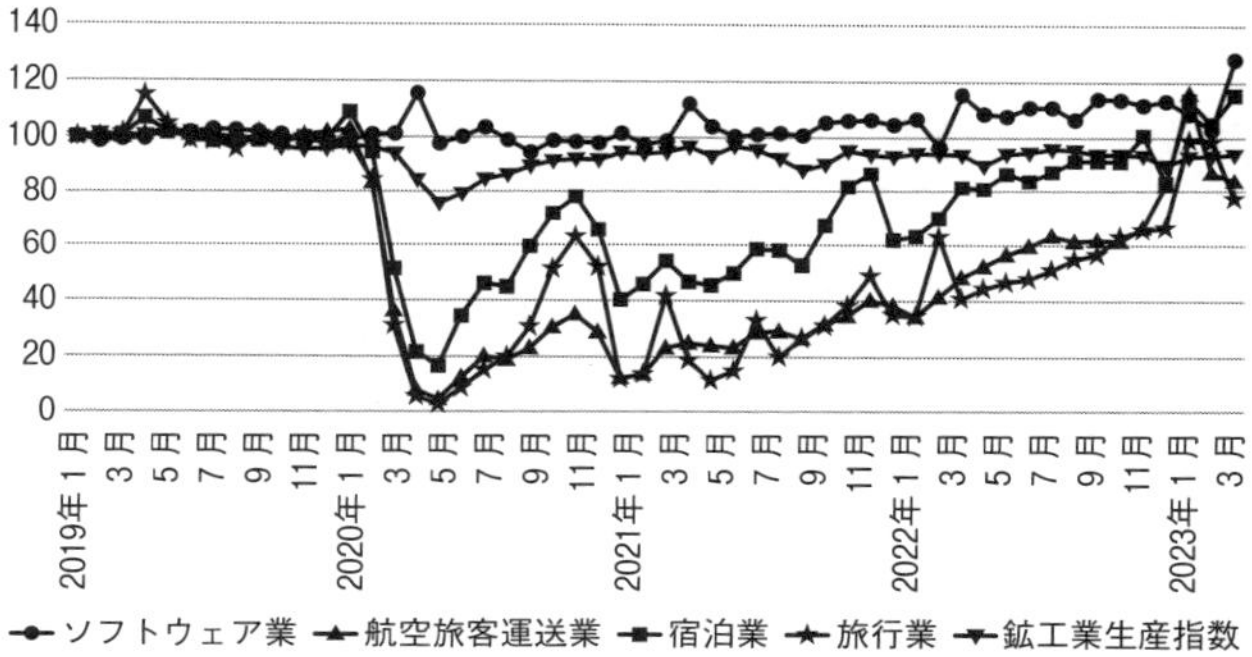

図１－４　コロナ禍における主要産業の動向（2019年１月＝100）
出所　経済産業省「鉱工業生産指数」「第３次活動指数」

と同じような産業がダメージを受けたことを示している。

さらに、新型コロナウイルスの感染拡大でダメージを受けた産業の経緯を別の角度から見てみよう。図１－４は、世界金融危機との比較ではなく、今回のコロナショックで明暗を分けた代表的な産業の業況について、二〇一九年一月からの推移を見たものである。

コロナ禍にもかかわらず大きな影響を受けなかった産業の代表格は、ソフトウェア産業などの情報通信業であろう。実際ソフトウェア産業では、コロナ禍に入ってからの方が、むしろ業況が上がり気味になっている。この情報通信業が図１－３で上位を占めなかったのは、世界金融危機時にも伸びていた産業だったからである。一方、製造業は、輸出の動向とほぼ同じ動きをしている。すなわち感染拡大当初

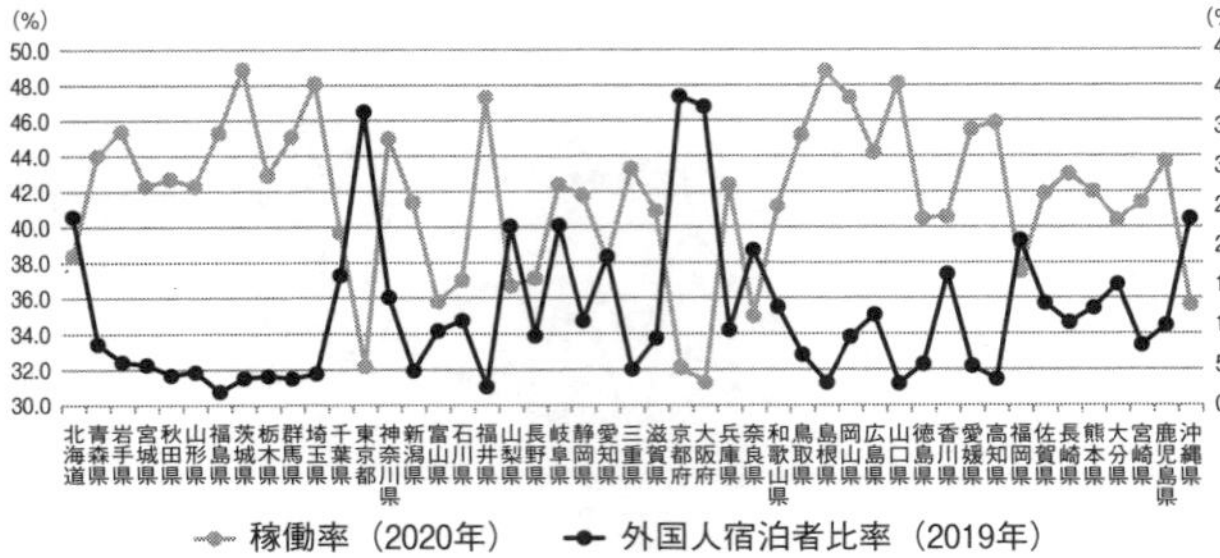

図1－5　外国人宿泊者比率と宿泊施設稼働率
出所　観光庁「旅行宿泊統計」

の二〇二〇年五月頃には業況が大きく落ち込んだが、その後徐々に回復し二〇一九年の水準に近付いている。

しかしながら、サービス業の一部はそれまでに見たこともないような厳しい落ち込みに直面する。宿泊業、飲食業、旅客運送業といったいわゆる接触産業では、二〇二〇年四月の緊急事態宣言の発出とともに、ほとんど活動できない状態となった。その後、業況は、緊急事態宣言やまん延防止等重点措置の発出に左右された動きとなっている。国内の動向に影響されない国際航空旅客サービスは、実質的な鎖国状態が続き開店休業状態が続いた。

こうした鎖国状態によって、当然のことながらコロナショック前まで宿泊業を支えていた外国人観光客による需要（インバウンド需要）は完全に失われることになった。図1－5は、各都道府県の二〇一九年における外国人観光客の比率と、二〇二〇年における宿泊業の稼働率の組み合わせを図示したものである。

これを見ると、海外からの観光客に依存する比率が高い東京都、京都府、大阪府の宿泊稼働率が二〇二〇年に入って大きく低下していることがわかる。もっとも、東京都、京都府、大阪府などには他にも多くの産業があるため、宿泊業の落ち込みが地域経済に与える影響は相対的に大きくはない。しかし、沖縄県のように地域経済が観光業に依存する割合が大きい地域では、インバウンド需要の減少は大きな痛手となったことは想像に難くない。

†もうコロナ前には戻れない？

「ヒステレシス（履歴効果）」という言葉がある。これは経済で何か大きなショックが生じると、それに伴う構造変化が起き、そのショックが過ぎ去った後でも、ショック前の世界には戻らなくなる現象を指している。

典型的な例としては、一九九五年に起きた阪神・淡路大震災における神戸港がある。神戸港は、震災以前は、東アジア地域のハブ港として世界でもトップクラスの貨物取扱量を誇っていた。しかし震災によって港湾機能が破壊されてしまったため、それまで神戸港を経由していた貨物は、それぞれ中国、韓国、台湾の港湾を利用することになった。その後、港の機能が回復した後も、残念ながらこうした貨物の取り扱いの変化は元に戻らず、神戸港の貨物取扱量のシェアは大きく減少してしまったのである。

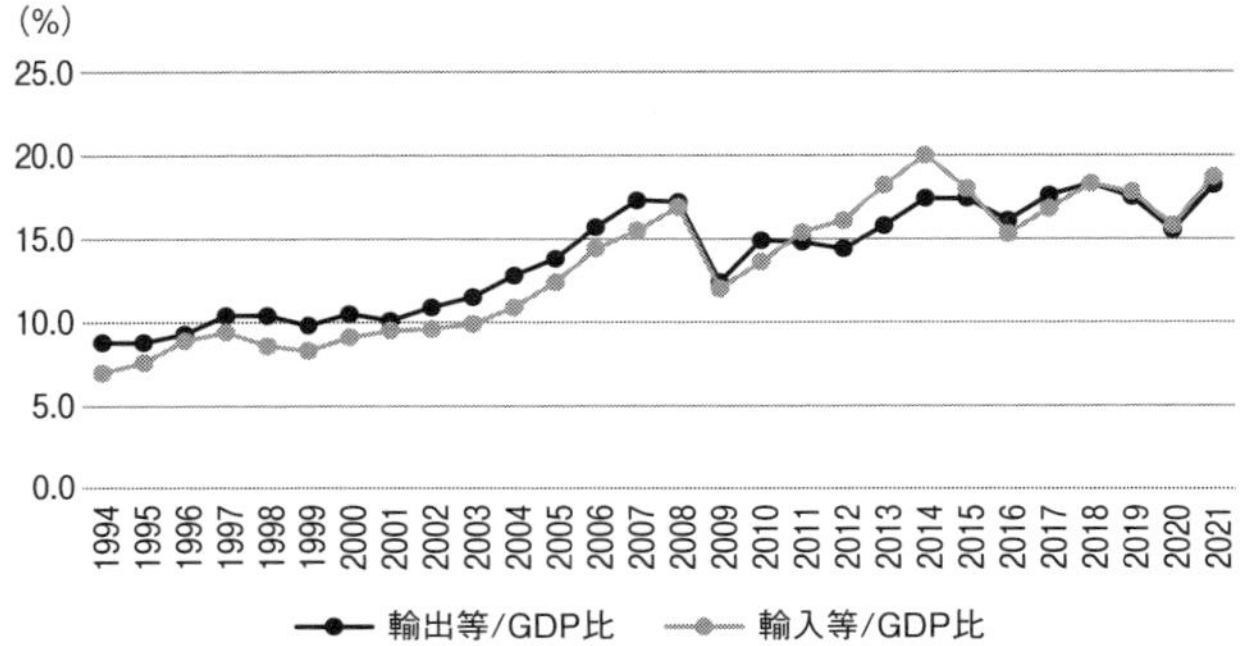

図1－6　輸出と輸入の動き
出所　内閣府「国民経済計算」

世界金融危機を契機に続いた円高も、日本経済にヒステレシスをもたらした。すなわち、円高によって国内での生産が不利になった日本企業は、生産拠点を海外へ移管するなど、海外からの輸入品へ依存度を高めた。第二次安倍政権が行った「異次元の金融緩和」によって、この円高は是正されたが、それでも一度海外に進出した企業は、日本へ回帰することはなかった。

このことは、図1－6で示した輸出と輸入の推移にも表れている。世界金融危機以前の日本では、GDP比で見た輸出が一％ほど同じくGDP比で見た輸入を上回っていたが、二〇一〇年代に入って輸出が輸入を上回ることは少なくなった。その代わりに、海外生産によって稼いだ所得が日本に還流することによって、所得収支のプラス幅が拡大するのである。

このような現象は、今回の新型コロナウイルスの感染拡大においても、経済社会の様々な場面で見られる。

例えば、二〇二二年春頃から、鉄道やバスは、時刻表の改定を機に運行本数の削減をした。新型コロナの感染法上の位置づけがインフルエンザと同じようになり、テレワークの比率も低下してきたにもかかわらず、こうした運行体制に変化はない。また日本特有の現象として、マスクの着用率が高止まりしたままという点もヒステレシスの一つだろう。

†デフレからインフレへ

新型コロナウイルスの感染拡大前と収束後との最も大きな変化は、二〇一〇年代には当たり前だったデフレ現象が、一転してインフレ現象へと変化したことだろう。これは日本だけでなく世界的な現象で、図1－7に見られるように、コロナ禍からの回復が早い国ほどインフレ率が高い傾向がある。

このインフレの原因として、二〇二二年二月に起きたロシアのウクライナ侵攻に伴う、原油・食料品高が指摘されている。しかしインフレの主な原因は、コロナ禍からの回復そのものにあるという見方もなされている。すなわち、新型コロナウイルスの感染拡大時に離職せざるを得なかった人々が、コロナ禍からの急速な需要の回復にもかかわらず、労働者の復帰が遅れ、人手不足から賃金が上昇しそれが高インフレにつながっているのだ。

こうした現象は、日本でもコロナ禍で痛手を受けた宿泊業や外食産業に顕著に見られる。

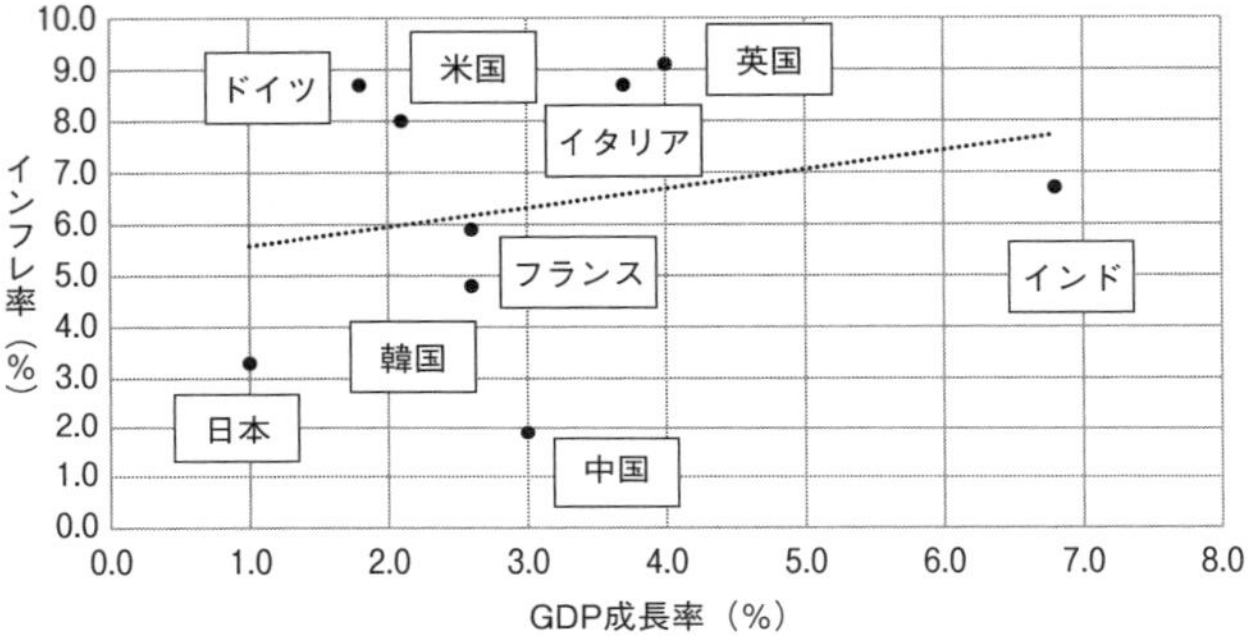

図1－7　GDP成長率とインフレ率（2022年）
出所：各国国民経済計算及び消費者物価統計

例えば、総務省統計局が行っている「労働力調査」によれば、二〇一九年時点で宿泊業や飲食業の就業者数は四二〇万人だった。これが二〇二〇年には三九一万人と二九万人も減少している。

日本経済は二〇二一年から緩やかな回復過程に入っているが、この業種ではさらに就業者が減少し、二〇二二年時点でも三八一万人にとどまっている。一方、この間にも医療・福祉の分野では就業者数が増え続け、二〇一九年から二二年までで実に六五万人も増えている。コロナ禍で大きく雇用を減らした業種が回復期に労働力を再び増やすことができず、こうした労働市場の変化は供給面でのボトルネックになっている。

それに対し、現在進行中のインフレは、二〇一〇年代に求められていたインフレとは異なる原因から生じている。二〇一〇年代、特に日本で追求されていたインフレとは、拡張的な金融政策がもたらす、需要の増加に伴うインフレであった。ここでは需要が増加するため、GDPの増加も見込まれていた。

しかしながら現在日本で生じているインフレは、労働力、原油などの原材料が不足する、つまり生産サイドの縮小によって引き起こされたインフレである。生産サイドが縮小するので、インフレ下でのGDPもまた減少することになる。また現在欧米が行っているように、インフレを鎮めるためには、強力な金融引き締め策によって景気回復を鎮静化させなくてはならない。

二つのインフレの違いは、「消費者物価指数」と「企業物価指数」の動きを見ると明瞭である。「消費者物価指数」というのは、食料品や衣服など我々が日常生活を送るために支出する財やサービスの価格の動きを表している。一方、「企業物価指数」というのは、鉄鋼や化学製品など、別の企業が生産のための原材料として利用する財の価格動向を示す経済指標である。

需要側からのインフレを期待していた人々は、「消費者物価指数」に着目していた。しかしながら図1-8に見られるように、二〇二二年に入って大きく上昇したのは、「消費者物価指数」よりも「企業物価指数」の方であった。これまでも一時的に「企業物価指数」が「消費者物価指数」を上回る時期はあったが、「企業物価指数」の上昇率が「消費

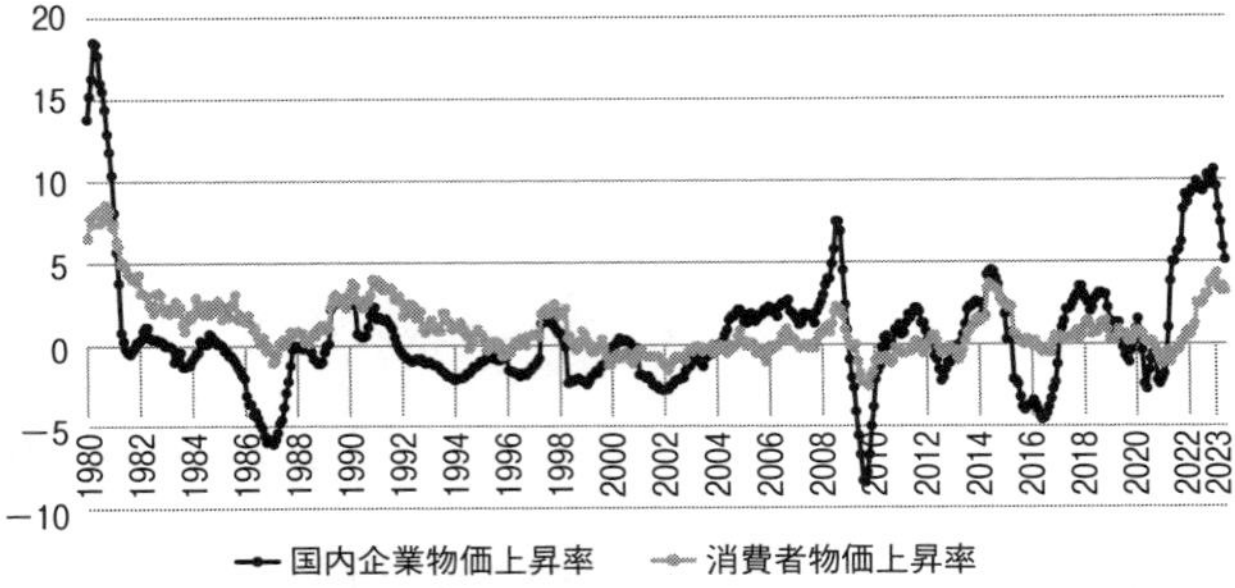

図1－8　消費者物価指数と企業物価指数の動き（対前年比、％）
出所　総務省統計局及び日本銀行

者物価指数」の上昇率の二倍以上に達したのは、一九八〇年代初頭の第二次石油危機以来である。もはや石油危機を体験した方々も少なくなっているが、この典型的な供給（生産）サイドのショックは、日本の高度成長の基盤を根底から崩し、第二次世界大戦後初のマイナス成長をもたらすほどの大きな供給（生産）側のショックであった。

石油危機の時期に、日本はもちろん政府支出を増加させて景気を下支えしたが、最終的に一九八〇年代の中頃に成長経済へと移行できたのは、鉄鋼業や化学産業などの重厚長大産業中心の産業構造から、自動車や電機製品など軽薄短小型産業構造へと生産構造の転換に成功したからであった。逆に石油危機時の米国はこうした産業構造の転換に出遅れ、一九八〇年代を通して生産性上昇率の低迷に悩むことになる。

†供給サイド重視の政策への転換

新型コロナウイルスに揺れた三年余りの期間は、行動制限もありストレスの溜まる期間でもあったが、単に日本経済の停滞感が一層強まったという以上に、日本経済に対する見方を変えた出来事でもあった。

多くの国民は、二〇一〇年代に語られてきた日本経済の回復策が行き詰まりを見せ、新たな解決策の必要性を痛感したのではないだろうか。二〇一〇年代は金融拡張政策や財政拡張政策が日本経済を停滞から脱却させるという議論が中心だった。しかし新型コロナウイルスの感染拡大は、そうした対策が危機時における日本経済の本当の解決策になっていないことを教えている。

アベノミクスを始めとする二〇一〇年代の経済政策、すなわち金融政策や財政政策は、短期的にしか効き目の無い政策である。つまり東日本大震災や今回の新型コロナウイルスの感染拡大などの被害を未然に防いだり、被害を最小限に抑えるのではなく、災害に伴う損失を補塡《ほてん》する役割しか果たさない。一方で、今回のコロナ禍で必要だったワクチンの開発や素早い検査体制の確立、回復過程での半導体のような必要な物資の確保というのは、生産（供給）サイドの役目なのである。

しかし、この供給サイドの強化は、財政金融政策のように機動的ではない。長期的な戦略に基づいた粘り強い政策が必要となる。そのことは、今回の新型コロナウイルスに対するワクチンの一つであった「モデルナ」の開発過程をみても明らかだろう。モデルナ社は二〇一〇年に設立されたベンチャー企業だが、二〇一三年と二〇一六年に米国国防総省の研究機関である国防高等研究計画局（DARPA）から研究開発援助を受けながら、mRNAに基づくワクチンの開発を進め、今回の新型コロナウイルスに対して、ファイザー社と並んでいち早くワクチンを開発することができた。

よく「失われた三〇年」と言われるが、日本が失ってきたのは、こうした危機時を想定した長期的な視点に基づく技術基盤なのである。次章では、この「失われた三〇年」と言われる日本経済の長期停滞とはどのようなもので、なぜここまで長期化したかについて解説したい。

第1章のポイント

◎日本はコロナ禍を、ワクチン開発でもなく、デジタル化を駆使した感染症対策でもなく、「国民の我慢」で乗り切った。
◎「我慢」の代償は、コロナ禍以降の緩慢な経済の回復である。

第2章

なぜ長期停滞から抜け出せなかったのか?

†「失われた三〇年」

第1章では、コロナ禍によって日本経済の脆弱性《ぜいじゃく》が露呈したことを説明した。ただ日本経済の問題点は、コロナ禍の三年間だけで生じたわけではない。「失われた三〇年」と言われたように、一九九〇年代にバブルが崩壊して以降、日本経済は低空飛行を続けた。現在の日本経済の問題点は、この三〇年の間に根本的な対策をとらなかった結果と言える。したがって、この三〇年余りに及ぶ日本経済低迷の要因をしっかりと理解せずに、これからの適切な政策は構築できない。

例えば、二〇一三年から始まった「アベノミクス」は、当初好意的に受け止められたが、本書執筆時点(二〇二四年)では、その評価はむしろネガティブなものとなっている。この政策も、それまでの日本経済の停滞要因を十分総括せずに、短期決戦を念頭に置いて派手な対策を打ち上げた。しかし結果的には、やはりかつての日本が短期決戦として始めた太平洋戦争と同じ轍《てつ》を踏み、現在に至るまで、その政策をどのように収束させるかに手間取っている。

†平成の長期停滞

三〇年という期間は長い。昭和の時代であれば、大学を卒業してから定年まで働き続けた期間にあたる。一生のうちで最も活動的な期間をすべて含む歳月と言ってよい。通常であれば人生山あり谷ありということで、昔を偲んでいればよいのだろうが、日本経済の場合はこの間ずっと谷を這ったような状態が続いたのである。具体的には一体何が起こっていたのだろうか。経済データを使ってそれを見ていこう。

なおここでは便宜上「三〇年」という期間を平成年間として捉えている。もちろん令和に入ってからも日本経済の停滞は続いているが、新型コロナウイルスの感染拡大という別の外生的な要因が入ったことや、その間の日本経済については前章で詳しく説明したことから、ここでは区切りの良い平成における日本の長期停滞のみを対象とする。

図2－1は、平成の三〇年間における日米のＧＤＰの推移である。平成元年は一九八九年で、この時期の日本はバブル経済のピークだった。この翌年から土地や株価のバブルが

崩壊し、平成期間中に日本は長い停滞期に入る。結果的に二〇一八（平成三〇）年の日本のGDPは、一九八九（平成元）年の一・四倍に留まった（年率一・二一％）。一方米国は、平成の三〇年間でGDPが二倍となっている。これは経済成長率に換算すると、日本の二倍の二・五四％になる。

　これに対して図2-2は、平成年間における日本と中国のGDPの推移である。米ドル換算にすると、二〇〇九年から一〇年にかけて中国のGDPが日本のGDPを上回ったと見られるので、それぞれのGDPを、二〇一〇年を一〇〇として図示している。平成元年の中国のGDPは、日本の六分の一程度であった。しかしその後の三〇年間で、中国は日本を超え、二〇一八（平成三〇）年には日本を大きく引き離している。

　一九八九（平成元）年に一億二三三二万人だった日本の人口は、二〇一八（平成三〇）年に一億二六四四万人まで増えているが、二〇一〇（平成二二）年にピークを記録した後は徐々に減少している。このため人口の変動は、GDPの変動ほどは大きくない。

　この点は就業者についても同じである。一九八九年の就業者数は六一二八万人で一九九〇年代に増加、二〇〇〇年代に減少、二〇一〇年代に増加と変動をしながら、二〇一八年には、六六八二万人となっている。すでに見たようにGDP全体が平成年間を通して低迷しているので、一人当たりGDPや、GDPを就業者数で割った経済全体の労働生産性の

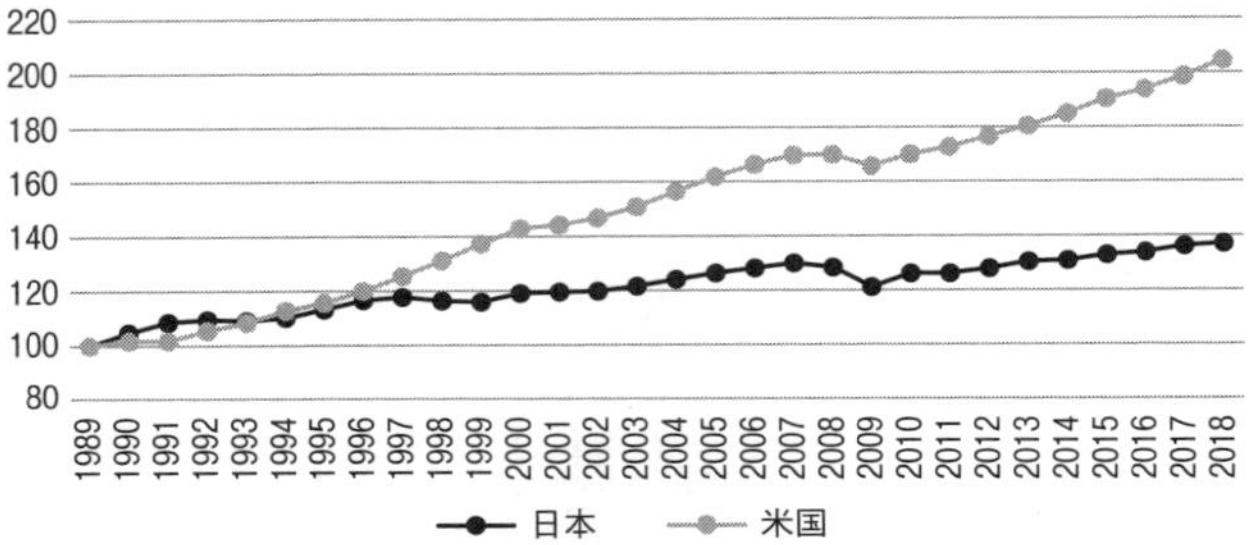

図2－1　平成年間の日米の実質 GDP の推移（1989年＝100）
出所　内閣府、IMF

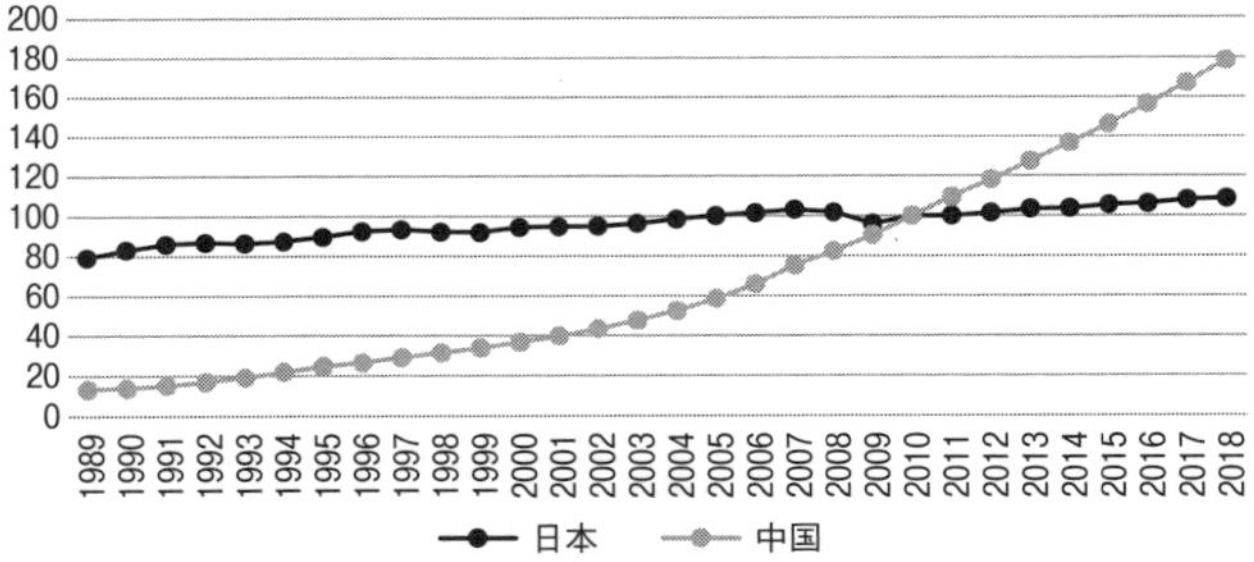

図2－2　平成年間の日中の実質 GDP の推移（2010年＝100）
出所　内閣府、IMF

		日本	韓国	フランス	ドイツ	英国	米国
1990	1人当たりGDP(購買力平価評価)	8位	25位	17位	6位	18位	3位
	就業者1人当たり労働生産性	16位	25位	7位	5位	17位	2位
	労働時間当たりの生産性	21位	25位	8位	2位	14位	6位
2018	1人当たりGDP(購買力平価評価)	21位	19位	17位	10位	16位	5位
	就業者1人当たり労働生産性	25位	22位	9位	12位	19位	3位
	労働時間当たりの生産性	21位	31位	11位	10位	15位	8位
2022	1人当たりGDP(購買力平価評価)	27位	20位	16位	13位	17位	5位
	就業者1人当たり労働生産性	31位	27位	10位	15位	19位	4位
	労働時間当たりの生産性	30位	33位	13位	11位	16位	9位

表2-1　一人当たり所得及び労働生産性の国際比較
出所　（公財）日本生産性本部「労働生産性の国際比較2023」
注：順位はOECD諸国の中での順位

伸びもより低迷していたことがわかる。

表2－1は、労働生産性に関連する指標を国際的に比較したものである。これを見ると一九九〇年の日本の一人当たりのGDPは、OECD諸国の中で八位だったが、平成年間に順位を落とし、二〇一八年には二一位となった。令和に入ってもこの傾向は変わらず、二〇二二年の順位は二七位である。就業者一人当たりの生産性も一九九〇年の一六位から順位を落とし、二〇二二年には三一位となっている。ヨーロッパの大国は、この間一〇位台を維持しているので、日本は平成年間にただ一国だけ生産性を落としていったことになる。

さらに、日本の生産性は、アジア諸国の中でもトップではない。表2－1には記載されていないが、日本の一人当たりGDPは、すでに平成年間にシンガポール、香港、台湾を下回っている。そして平成の最後の期間には韓国に追いつかれ、令和に入って、その差は広がっている。ただ、韓国は労働時間が長いため、時間単位で計測した労働生産性では、日本が

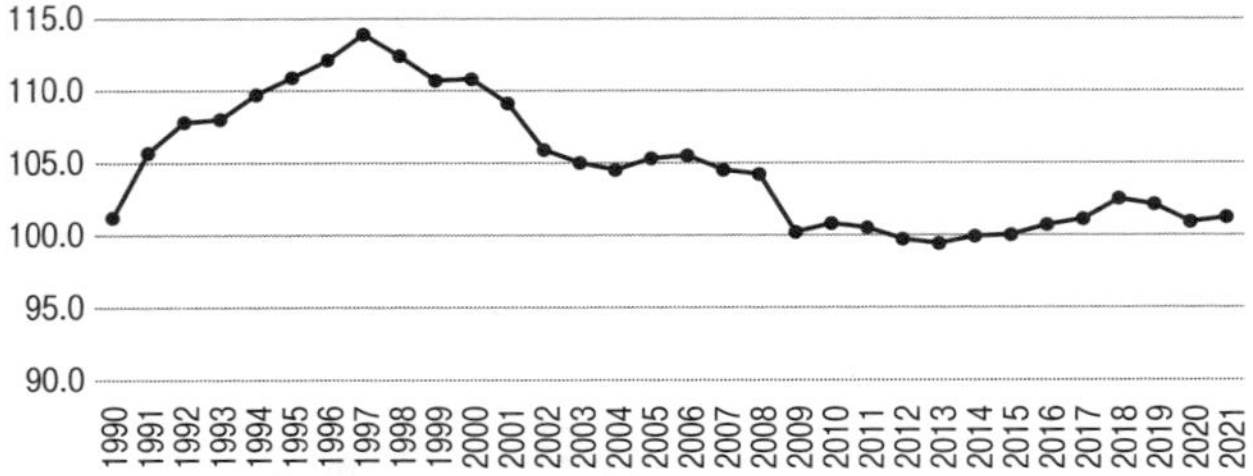

図2-3　賃金指数（現金給与総額）の推移
出所　厚生労働省「毎月勤労統計」

まだ韓国を上回っている。

さて近年、賃金の上昇が経済政策の争点となっており、労働生産性の低迷も賃金が上がらない要因の一つとされている。東京大学の玄田《げんだ》有史《ゆうじ》教授は、なぜ賃金が上昇しないかを多角的に検証している（玄田二〇一七）。実際、図2-3にあるように、日本の賃金は一九九七年をピークにその後二五年間上昇しないどころか、むしろ下落気味である。

それでは、なぜ労働生産性の低迷が賃金の低迷につながるのだろうか。企業の売上は大きく「原材料費」「人件費」「利潤」に分けることができる。「利潤」の中には、金融機関からの借入金利も含まれる。売り上げに占める「原材料費」と「利潤」の割合は一定と考える。例えば、「原材料費」の割合が六〇%、「利潤」の割合が一〇%とすると、「人件費」の割合は三〇%となる。そうすると「人件費＝売上高×〇・三」となる。

「人件費」を単純化して示すと、「一人当たり賃金×労働者

数」となる。一方売上高は、「製品価格×販売数量」である。これを上の式に代入すると、

一人当たり賃金×労働者数＝〇・三×製品価格×販売数量

である。上の式の両辺を労働者数で割ると、

一人当たり賃金＝〇・三×製品価格×（販売数量÷労働者数）

ということになる。

この式の最後の項（販売数量÷労働者数）は、販売数量が生産量とほぼ同じであれば、労働生産性と同様の概念になる。したがって労働生産性が上昇すれば、一人当たりの賃金も上昇することになる。逆に労働生産性が上昇しない場合、一人当たりの賃金を上昇させるためには、労働者への分配率（＝〇・三）が上昇するか、製品価格が上昇しなくてはならない。

ただ製品価格が上昇してそれで一人当たりの賃金が上昇したとしても、必ずしも労働者が豊かになるわけではない。製品価格の例を光熱費と考えると、一人当たり賃金が上昇し

たとしても、同じだけ光熱費が上昇していれば、労働者としては、電気やガスをより多く利用できるわけではなく、前と同じだけの使用料分の賃金を確保できただけということになる。

†投資と貯蓄

「失われた三〇年」と言われる長期停滞についても、そのきっかけとなったバブルについても、その発生やメカニズムに関しては様々な説明がなされている。特にバブルについては、慶應義塾大学の櫻川昌哉《さくらがわまさや》教授による大著『バブルの経済理論』（日本経済新聞出版、二〇二一年）が示すように、多くの歴史的事象と同じように、経済学から見ても複数の解釈が存在している。

「長期停滞」に関する議論も同様で、様々な捉え方がある。この言葉が頻繁に使われるようになったのは比較的最近である。「長期停滞」というのは、一九二九年に世界大恐慌が起きた後の米国経済の低迷について、ハーバード大学のアルビン・ハンセンが使った言葉だが、米国でも、二〇〇八年に起きた世界金融危機（日本ではリーマン・ショックと呼ばれている）後、長期にわたって低迷が続いたため、同じハーバード大学のローレンス・サマーズがこの言葉を蘇らせた。日本でも『何が日本の成長を止めたのか——再生への処方箋』

（星・カシャップ二〇一三）や『21世紀の長期停滞論――日本の「実感なき景気回復」を探る』（福田二〇一八）などが、長期停滞について議論している。この中でサマーズや福田らによる「長期停滞」とはおおむね以下のようなものである。

まず短期的な経済における総需要と総供給の一致は、図2－4のように投資曲線と貯蓄曲線の交点で表される。これはわかりにくいのだが、まず「総需要＝消費＋投資」として表されると考える。つまり財・サービスの需要全体というのは、消費に使う財・サービスと投資に利用する財・サービスの合計になっている。

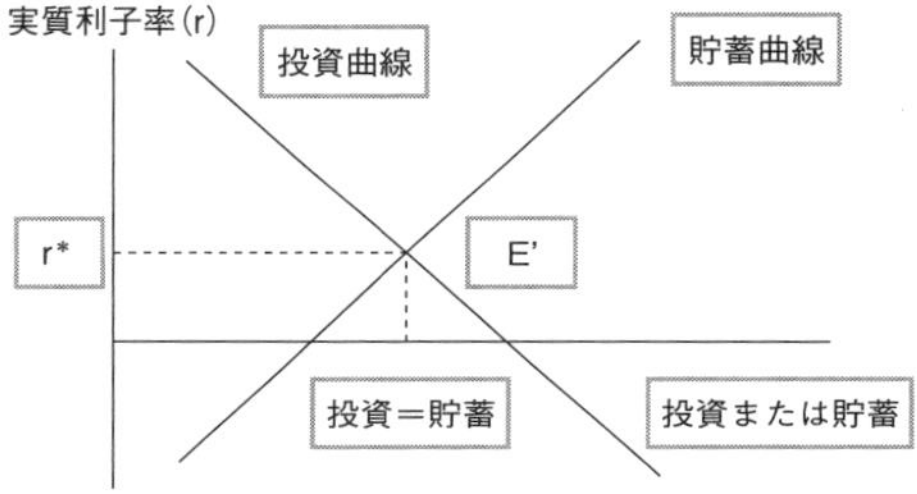

図2－4　実質利子率の投資曲線と貯蓄曲線

一方、供給側を考えてみると、生産された財の販売額は、「賃金」と「利潤」に分配されるが、いずれのケースも最終的には消費者の手元へと運ばれる。消費者はこれらの所得を使って消費するが、残った部分は貯蓄することになる。したがって総供給というのはまわりまわって、消費と貯蓄に分かれる。すなわち「総供給＝消費＋貯蓄」となる。すると市場で財・サービスの需給が一致するということは「総需要＝総供給」なので、これは「消費＋投資＝消費＋貯蓄」ということになる。

両辺に消費の項があるので、これを両辺から落としてやると、「総需要＝総供給」というのは、つまるところ「投資＝貯蓄」になる。投資も貯蓄も利子率（この場合はインフレを考慮した実質利子率）に影響される。いまこの実質利子率を縦軸に、投資量や貯蓄量を横軸にした図を考えると、投資量は利子率が上がれば減少していくので、右下がりの曲線になり、貯蓄量は利子率が上がれば増えてくるので、右上がりの曲線になる。図２－４はこの両曲線を描いたもので、この交点が経済全体の需給が一致する点になる。

†マイナスの実質利子率

図２－４のように、実質利子率がプラスになる領域で、投資と貯蓄が等しくなっていれば問題は生じない。しかしながら、プラスの実質利子率になるように投資と貯蓄が一致するとは限らない。もし貯蓄過剰だったり、投資が大きく不足しているような状況だと、図２－５のように、実質利子率はマイナスになる可能性がある。このとき貯蓄が投資需要を満たさないので、総供給が総需要を上回る状況が生じる。例えば、岩崎・須藤・西崎・藤原・武藤（二〇一六）によれば、二〇一〇年代半ばに投資と貯蓄を均衡させる実質利子率がほぼ〇％であった。

そうすると物価が下がり続けるデフレ現象が起き、厄介な事態が生じる。通常の金融政策（伝統的金融政策）は名目金利を操作してGDPや物価を調節する。しかし利子率がマイナスになると、たとえ名目金利をゼロにしても、需給を均衡させることはできない。

いま名目金利が〇％で、インフレ率がマイナス二％（つまりデフレ）だとすると、フィッシャー方程式（「実質利子率＝名目利子率－インフレ率」）から実質利子率は二％になる。この状況では貯蓄が投資を上回る貯蓄超過、すなわち供給超過の状況が続く。

こうしたことから、日本では二〇〇〇年代以降、金利での調節ではなく、非伝統的金融政策をとり始める。日本銀行がマネタリー・ベースを急激に増加させたり、マイナス金利を設定したのは、伝統的な金融政策が有効性を失ったためなのである。

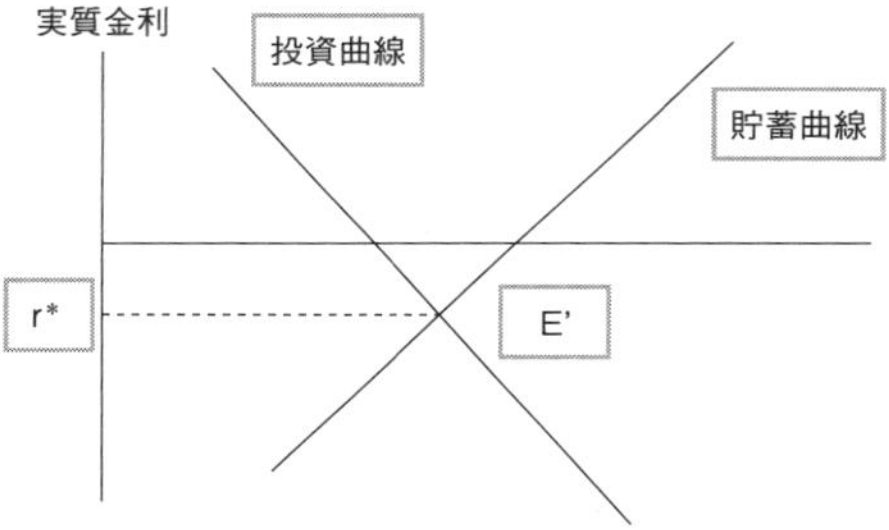

図２－５　実質金利の投資曲線と貯蓄曲線

投資不足はなぜ起きたのか？

それでは、どうして実質利子率がマイナスになるような事態が起きるのだろうか。この背景にも投資不足がある。

先ほど「欧米でも世界金融危機後の二〇一〇年代は投資不足による長期停滞が生じた」と述べた。図0-1は、今世紀に入ってからの先進諸国の投資の動きを、二〇〇〇年を一〇〇として描いたものだが、日本の投資は、投資不足と言われた欧米先進国よりもはるかに深刻で、この二〇年もの間ほとんど増加していない。

なぜ日本の投資はここまで増えなくなったのか。その要因を一つに絞ることは難しく、数多くの要因が日本の投資不足をもたらしてきた。時間的に最も古い要因と考えられるのは、一九八〇年代のバブル期における積極的な投資が、バブル崩壊後の低成長期には過剰設備に転じたという説である（吉川一九九九）。

日本企業は、もともと需要に合わせて設備投資を行う傾向が強い。つまり自ら新たな製品や市場を開拓するために投資するというよりも、既存製品の伸びに応じて設備を増強していくというストック調整の考え方が支配的であった。

この考え方に従えば、四％の経済成長が実現していた一九八〇年代に増強された設備の多くは、二％台へと低下した一九九〇年代には重荷となってしまい、当初の需要量が達成されるまで新たな設備増強を手控えるのだ。アベノミクスの期間、民間エコノミストは、民間消費の増加に期待をかけていた。基本的に設備投資は民間消費よりも変動が大きく、回復期には景気のけん引役になる可能性があったが、民間消費の動向に注目していた背景には、設備投資に対しては、ストック調整原理に近い考え方があったのではないだろうか。

二番目の要因は、一九九七年から九八年に起きた金融システムの崩壊である。北海道拓殖銀行、日本長期信用銀行、日本債券信用銀行といった日本を代表する銀行が消え去るとともに、その他の大銀行も多額の不良債権を抱え、合併や公的資金の注入によって何とか組織の維持を図るといった状況に陥った。

スタンフォード大学教授だった青木昌彦《あおきまさひこ》などが述べているように、一九八〇年代までの日本企業の技術革新は、企業が単独でなしえたのではなく、その背景にある資金調達のリスクを、銀行を中心とする金融機関がカバーし、さらに年功序列賃金によって帰属意識が育まれた質の高い労働者が支えていた（青木一九八四）。その一角である日本の金融システムが崩壊し、かつ長期雇用も維持できなくなり、日本企業は単独で投資リスクを負えなくなったのである。

三番目の要因は、二〇一〇年代初頭の円高である。現在では信じられないが世界金融危機後は驚異的な円高が起き、円は一時ドルに対して七〇円台であった（図2－6）。つまり円は、二〇二三年のレートのほぼ倍の価値をつけていたのである。実は二〇〇〇年代から、日本の製造業は、内需の成長ではなく、主に米国と中国への輸出に依存する体質へと移行していた。このため急激な円高は、日本の製造業にとって致命的であった。この時期から、

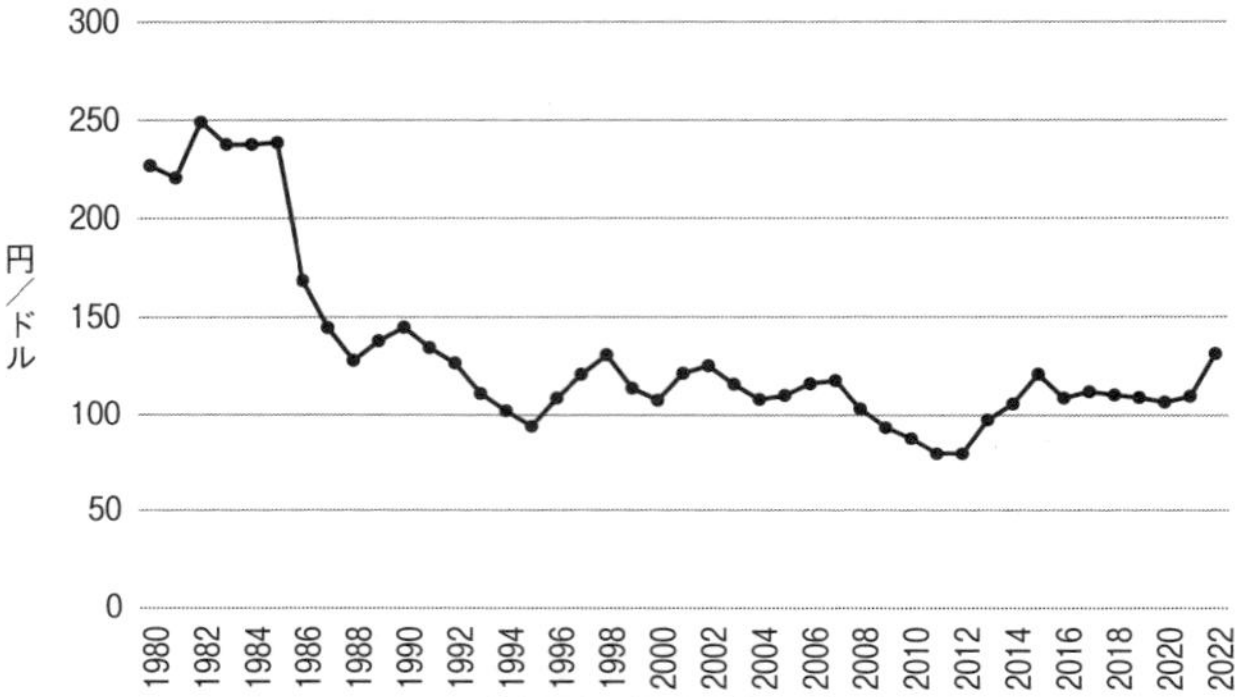

図2-6　円・ドルレート（自国通貨建て）の推移
出所　日本銀行

彼らは生産拠点を海外に移していく。「海外にいても為替リスクがあるのではないか」という意見もあるが、日本企業がとった考え方は、現地生産、現地販売という考え方である。つまり一定の需要がある地域では、その地域の需要に合わせた生産を行うという考え方で、為替レートの変動リスクを回避しようとした。

円高を放置した民主党政権の後を継いだ安倍政権の「異次元の金融緩和政策」により、この円高は円安へと転じたが、企業はいったん海外へ移転した工場を日本へ戻すことはなかった。実際、世界金融危機後に五%程度上昇した海外生産比率は、二度目の安倍政権の期間にも低下することはなかった（図2-7）。こうした現象が履歴効果（ヒステレシス）と呼ばれていることは第1章でも説明したが、加えてこの現象の背景には、為替の変動

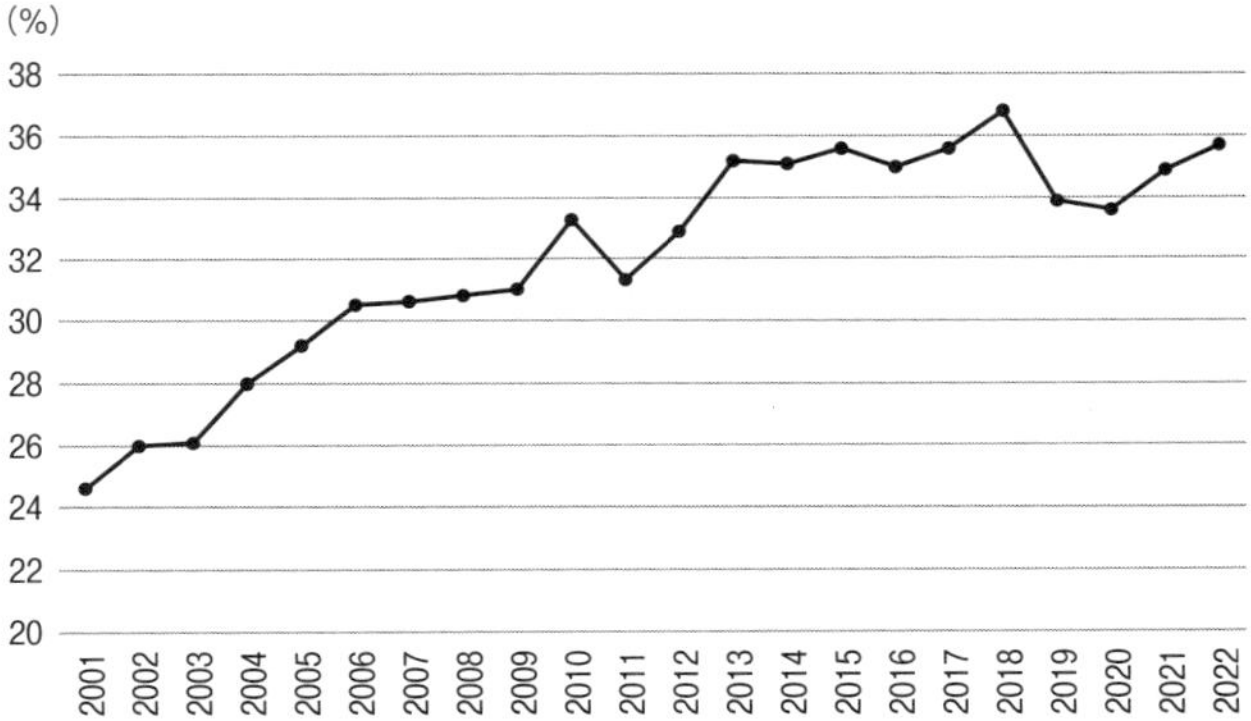

図2－7　海外生産比率の推移
出所　（株）国際協力銀行「わが国製造業企業の海外事業展開に関する調査報告――2023年度海外直接投資アンケート結果」

リスクを確実に回避したいという、行動経済学で言う「プロスペクト理論」が働いていると考えられる。

　四番目の要因は、デフレである。先ほど「デフレによって実質金利が上昇する」と述べたが、まさにこの実質金利の高止まりは、設備投資を減少させる。一方で、積極的な海外進出をした企業は、円安によって円ベースでの収益を大幅に伸ばすのだが、これらの収益は、実物投資に回されるよりも現預金の蓄積に向かう。

　財務省の「法人企業統計」によれば、二〇〇〇年度末の現預金額は一四一・五兆円だったが、二〇二二年度末には二九五・一兆円へと倍増している。それと同時に、その他の投資も増加した。これは長期的に保有する証券や貸付金などだが、これらの多くが海外の子会社への資金供与や、新たな企業の買収（M&A）に充てられている。つまり日本企業は、成長余力の乏しい日本での投資よりも海外での事業拡張を選択したのである。

最後の要因は、日本企業が収益率の高い投資機会を見いだせないことに伴う、国内投資の減少である。二番目の要因となった一九九〇年代後半の金融危機時は、米国でICT革命が起きた時期であった。アマゾン（Amazon）の創業は一九九四年、グーグル（Google）は一九九七年である。しかし当時、多くの日本企業はリストラクチャリング（リストラ）の最中であり、この新たなビジネスチャンスとなる技術革新に乗り遅れてしまった。

また電気機械産業に象徴されるように、二〇〇〇年代に入ってからの中国や韓国企業の追い上げに気づかず、気づいたときには有機ELテレビのように成長する市場を逃してしまっていた。収益性の高い投資というのは革新的な技術を伴うが、日本企業は結局どうしたらやらずにすむかという理屈を展開するだけで、こうした収益性の高い投資機会を逃し続けてしまったのである（桂二〇二三）。

†実証分析は、投資の停滞を説明できたのか？

経済学者もまた、投資の停滞要因を把握しようと精緻な分析を行ってきた。経済学における設備投資の標準的な理論は「トービンのq理論」と呼ばれる。エール大学のジェームズ・トービン教授は、設備投資が株価の動向に左右されると考えた。企業の株価は、その企業の将来収益を反映した指標であるから、企業の将来性は積極的な設備投資と結びついている。このため株式の収益率と市場利子率との比率を「トービンのq」と呼び、企業の設備投資を説明する指標だと考えたのだ。

日本の設備投資に関する実証分析の多くも、基本的にはこの「トービンのq」理論を使っている。しかし、「トービンのq」の動きだけでは設備投資を説明できないことは明らかである。特に、二〇一〇年代に入ってからは企業収益が改善し、日経平均株価も上昇トレンドで動いているにもかかわらず、設備投資は低迷したままである。

筆者が、内閣府の経済社会総合研究所が公表している「国民経済計算」という統計から簡便的に推計した「トービンのq（「営業余剰＋償却額を資本コストで割った比率」）」と、「設備投資比率（設備投資を資本ストックで割った比率）」は、今世紀に入ってから逆方向に動いている（図2－8）。

実際上場企業データを使った中村純一、田中賢治、石川貴幸らの分析（中村二〇一七、田中二〇一九、石川二〇二一）でも、「トービンのq」と設備投資の関係が薄れている。この「トービンのq」を補完する要因として、保守的な財務要因や不確実性などを追加的な説明要因として考察し、その結果、中村も田中も将来に対するリスク要因の高まりが設備投

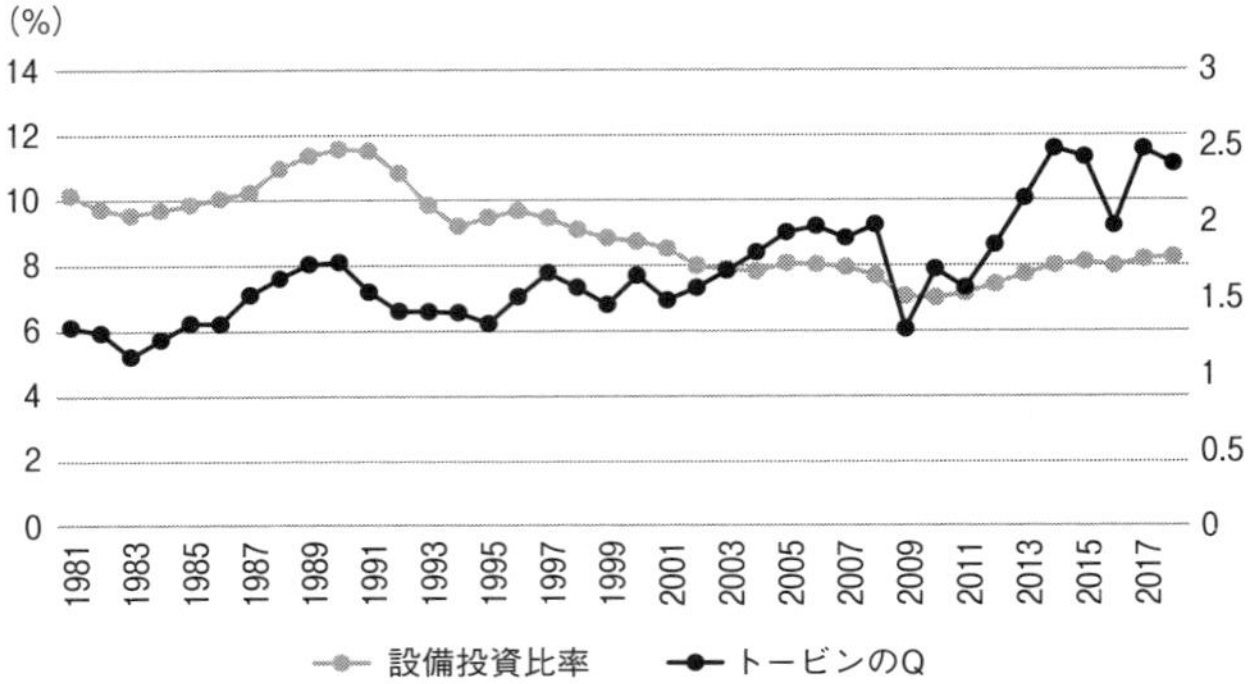

図2-8　設備投資比率とトービンのｑ
出所　内閣府「国民経済計算」

資を手控えさせていると結論づけている。

彼らが分析でとりあげた要因は、いずれも上場企業の財務データを用いたものだが、そこでのデータは有形資産が中心で、序章で述べた無形資産については十分に反映されていない。こうしたことから、財務データに反映されない無形資産投資を考慮すると、設備投資の停滞が緩和される可能性を示している（Crouzet and Eberly 2018、宮川・石川二〇二一）。

もし株式市場が無形資産の収益性を反映していれば、収益の増加による株価の上昇と有形資産投資の低迷というパズルの一部を説明することができる。しかしこの考え方をとったとしても、ソフトウェア投資などの無形資産投資は、旺盛な米国の投資動向を説明するには適切かもしれないが、無形資産投資がほとんど伸びなかった二〇一〇年代の日本の設備投資動向を説明するには決め手に欠ける。

†「アマチュア資本主義」での投資決定

すでに述べたように、こうした経済学からのアプローチは、いずれも標準的な「トービンのq」理論を基にしている。しかし、本当に日本の経営者が、このような経済合理性に様々な環境要因を加味して設備投資を決定しているのだろうか。もしこの決定方式がプロフェッショナルな経営者の投資決定だとすれば、一方で、それとは別のアマチュア的な投資決定の考え方があるのではないだろうか。

先に紹介したストック調整原理型の投資決定は、その有力な候補である。ストック調整型の投資決定とは、一九六〇年代の高度成長期に最も適した投資決定方式だった。すなわち、企業の保有設備は、自らが生産する財・サービスの将来需要に依存する。将来の需要が増えると考えれば、その需要に合わせて設備を増強するというものである。

この考え方は、将来の高成長が見込まれた高度成長期には、旺盛な設備投資を説明する理論となっていた。しかし現在この投資の考え方をプロフェッショナルな投資決定と呼ぶには無理があるだろう。経済学者は早くから、この決定方式から収益性重視の投資決定へと意識を切り替えるように主張していた。

もし、多くの企業で当時と同じストック調整型の投資決定が続いているとすると、近年までの投資停滞は次のように説明できる。日本企業は従来からこのストック調整原理に従って設備投資を考えてきた。日本の人口減もあり、国内市場の伸びが頭打ちになることは予想できたため、海外の成長市場への輸出を目的として、国内の設備の拡大を考えてきた。しかし世界金融危機後の急激な円高により、国内からの輸出も不可能となり、企業は設備の海外移転もしくは海外企業の買収に力を入れることになる。一方、残った国内市場は今後の伸びが期待できないため、ストック調整原理に従えば、将来の需要減少に対応して設備の縮小を進めることになる。また、この方式での投資決定は既存の技術体系に慣れた雇用を維持することになる。

以上がストック調整原理に従った投資停滞のシナリオだが、筆者が、このシナリオがプロフェッショナルでないと判断する理由は次の通りである。ストック調整原理は、基本的に現在の企業が生産している既存の財やサービスの生産設備能力を対象としている。本来、資本主義社会における企業家や経営者は、変化する経済環境に合わせて新たな財やサービスを提供する役割を担っている。つまり、自ら需要を掘り起こす役目があり、そのリスクも負担するために、通常の労働者よりも高い報酬が認められるのである。新たな分野への投資があれば、既存部門を縮小すべきと判断しなくてはならない場合もあるだろう。しかし、日本の場合は新たな分野への挑戦なしに既存設備の削減がだらだらと続いてきた点に問題がある。

†いったい何が「失われた」のか?

さて、これまで我々は、日本の長期停滞を「失われた三〇年」と呼んできた。しかし、多くの人は何が「失われた」のか、その意味について、あまりこだわってこなかったようだ。実は、この「失われた」という言葉は、経済が本来の力(これを潜在成長力とよぶ)を発揮すれば、もっと豊かになったはずなのだが、現実の経済はそれを大きく下回っているため、その差額分を表すために使われている。

例えば、二〇二三年に日本のプロ野球では阪神が一八年ぶりに優勝した。もし阪神が毎年セ・リーグの上位を窺う戦績を残していたとすると、それに伴って観客動員数も増え、阪神球団も潤っていたはずであったが、実際には長期にわたって下位に低迷したため、観客数も伸びず、業績も低迷してしまった。当初の戦力から推定した業績に比して、それを下回った業績分との差が「失われた」部分に相当するのである。もっとも実際の甲子園球場は、阪神が低迷していても満員だが。

こうした経済的損失を計算すると、どのようになるだろうか。表2-2は、イアン・ゴルディンらが示した、欧米主要国の労働生産性の動きと、それが二〇一〇年代に入って低

	労働生産性上昇率（年率）		低下幅	1人当たりGDP（2017年）	失われた1人当たりGDP（国民所得）
	1996-2005	2006-2017			
フランス	1.65%	0.66%	0.99%	€30,512	€3,836
ドイツ	1.85	0.91	0.94	€35,217	€4,203
日本	1.68	0.85	0.83	¥4,155,243	¥356,944
英国	2.21	0.45	1.76	£27,487	£6,443
米国	2.62	1.00	1.62	$59,015	$12,610

表2-2　先進国における労働生産性の低下
出所　Goldin, Koutroumpis, Lafond and Winkler (2022)
注　日本だけは2015年までの値

迷したことで、どれだけの経済損失が生じたかを示す表である(Goldin et al. 2022)。

これを見ると、欧米先進国は世界金融危機の影響で、一九九〇年代後半から二〇〇〇年代前半に比べ、二〇〇〇年代後半から二〇一〇年代にかけての労働生産性上昇率が大きく低下していたことがわかる。日本の低下幅は、欧米先進国よりも相対的に小さいが、これは日本が一九九〇年代にすでに労働生産性を低下させていたことが影響している。

最後の列には、二〇〇〇年代後半から二〇一〇年代にかけて労働生産性が低下したことによって、一人当たりの所得がどれだけ失われたか（つまり、それまでの一〇年間と同じだけ労働生産性が増えなかったために起きた所得の損失分）が書かれている。これを見ると、二〇一〇年代の所得の一〇％から二〇％が失われたことがわかる。二〇一五年時点における日本の逸失所得は一人当たり三五万六九四四円である。一人当たり名目ＧＤＰは、四一五万五二四三円なので、本来であれば当時の所得に比べて八・

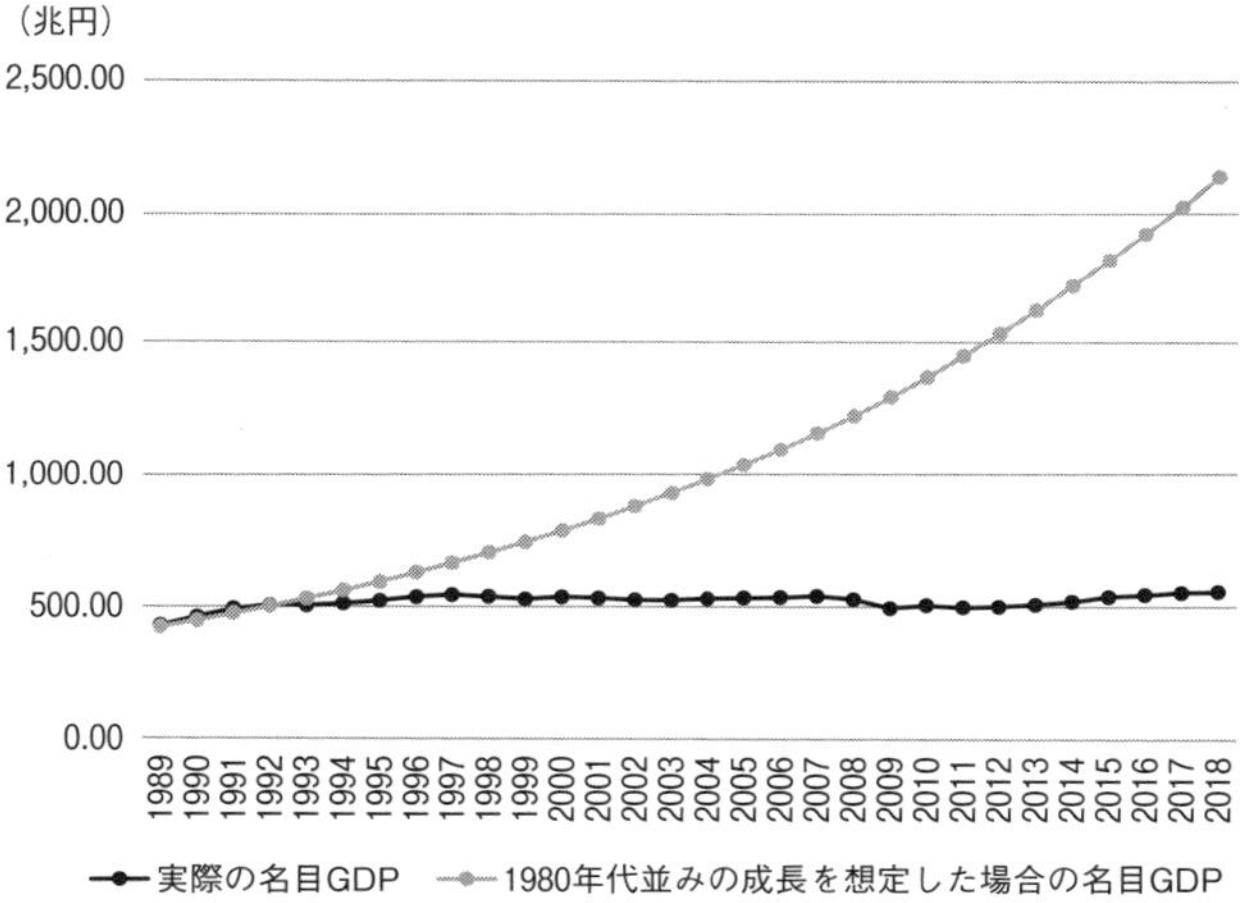

図2-9　「失われた30年」の意味
出所　内閣府「国民経済計算」をもとに筆者推計

五％くらいは所得が高かったはずである。

実は、米国などの損失額が日本よりも大きい背景には、一九九〇年代後半から二〇〇〇年代前半にかけて「ＩＣＴバブル」と言われるほど、ＩＣＴ革命による新たなビジネスで潤っていたために、二〇一〇年代との落差が大きくなっているのである。そう考えると日本の場合、上記の計算は、「失われた〇〇年代」の日本と「失われた一〇年代」の日本との比較よりも、バブル期を含む一九八〇年代と「失われた三〇年」の比較の方が妥当だろう。

図２－９は、一九八〇年代の昭和期（一九八〇年～八九年）の経済成長率（五・八％）を平成期に適用した場合の名目ＧＤＰの軌跡と、実際の名目ＧＤＰの軌跡を比較した

ものである。平成の終わりとなる二〇一八年の時点で、現実のGDPは、仮想的なGDPの約四分の一に過ぎない。二〇一八年時点での中国のGDPが一五三〇兆円くらいなので（もちろん日本の成長力がこれほど強ければ、円と人民元の為替レートも変化するが）、日本のGDPは依然世界第二位だった可能性がある。

二〇一八年の日本の人口は一億二六四四万人で、一人当たりの所得を計算する際にはどちらのGDPもこの人数で割るので、現実の一人当たりの所得は、やはり一人当たりの仮想的なGDPの約四分の一になる。これを金額に換算すれば、二〇一八年で失われた額は一人当たり一一六五万円である。これは一年間に限った損失額なので、平成の三〇年間を通して得られなかった所得の総額は一人当たり一・三億円に上る。

実際には名目五％、実質四％の経済成長率を三〇年にわたって続けられるわけがないので、こうした試算を荒唐無稽《こうとうむけい》と評する意見もないではない。しかし、第二次安倍政権で掲げられた「新・三本の矢」の目標の一つであるGDP六〇〇兆円の背景には、バブル期並みの全要素生産性上昇率（技術進歩率）が想定されていたことを考えると、あながちこうした試算を切り捨てることもできないだろう。

†供給力低下の要因

それにしても、なぜこれほどまでに供給力が低下したのだろうか。供給力というのは生産サイドの議論なので、資本や労働力といった生産要素の増加と技術力の増進といった要素が、供給力を増やす力となる。このうち労働力は最近になって不足が問題となっているが、平成期にはそこまでの不足感はなく、安倍晋三元首相が自賛していたように、むしろ増加気味であった。技術力は、確かに日本から新たな製品が出なくなったという問題点はあるものの、それでも二〇〇〇年代前半までは、ハイブリッド車や液晶TVなどを世界に送り出していた。問題はその後の資本蓄積の不足にある。

すでに見たように、資本蓄積が極端に低下したことにより供給力が落ち、それまでの生産力を維持できなくなった。最近になって、需要と供給のギャップ、いわゆる需給ギャップが縮小したと言われているが、これは二〇一〇年代に比べて需要が大幅に増えたのではなく、長年の資本蓄積不足から供給力が減退し、結果的に低迷していた需要の水準の方へ供給（生産）サイドが近づいてきたのである。このことは、百貨店の閉店や地域の工場の閉鎖が身近で増えていることを見れば納得いただけるだろう。

†日本の「ベスト・アンド・ブライテスト」

長期停滞の最大の要因である資本蓄積の低さについては、十分な説明をしてきた。しかしこうした事態は、どこの国や地域でも起こりうる。事実、米国は、ＩＣＴバブルの崩壊や世界金融危機を経験しながらも、日本の二倍近い成長率を長期にわたって達成している。なぜ日本が世界でも例がないほど長期的にかつ低い成長率を続け、経済的に見て活力の乏しい国になったかについては、日本特有の事情が存在する。

筆者が考える最大の要因は、バブル崩壊時にそれまでの経済構造をいち早く改革できなかったことである。第二次世界大戦後の高度成長期についてはいろいろな説があるが、基本になっているのは「開発独裁」の体制が続いたことだ。「開発独裁」とは、市場をうまく使いながら政府のコントロールの下で経済成長を達成する仕組みである。もちろん日本の場合、政治的には民主主義体制だったが、高度成長期のほとんどは自民党の長期政権下で達成されている。

ただ、こうした政治的な安定性だけではなく、国民の勤勉性も高度成長には大きく寄与していた。日本だけでなく、韓国も中国もある程度この条件を満たしていたからこそ、世界が驚くほどの高成長を長期にわたって達成できたのである。しかしこの開発独裁にも限界はある。開発独裁は、政府のコントロールの下で行われるという意味で、社会主義的な側面を持つ。社会主義の弱点は、経済が大きくなるにつれて肥大化する経済情報を、政府がコントロールしきれないところにある。

これは、一九二〇年代から一九三〇年代に、フォン・ミーゼスとフリードリッヒ・ハイエク対オスカー・ランゲによって展開された経済計算論争と関連している。一九七四年にノーベル経済学賞を受賞したハイエクは、この論争で、市場価格が肥大化する経済行動や経済情報を集約した指標になるとして市場経済を擁護している。もし市場経済を利用せずに経済をコントロールし続けようとすれば、旧ソ連のように経済統制は厳しくなり技術開発への意欲も失われてしまう。

一九八〇年代の日本もまさに、そうした開発独裁による高度成長期の限界点に達していた。それにもかかわらず、バブル崩壊後の政府と金融界は、何とか護送船団方式を維持しようと不良債権の開示を引き延ばし、体力のある金融機関が体力の無くなった金融機関を吸収合併し、それに補助金を出していくような奉加帳《ほうがちょう》方式で、従来型の経済体制を維持しようとした。

内閣府経済社会総合研究所が企画・監修した『バブル／デフレ期の日本経済と経済政策』シリーズの『日本経済の記録　時代証言集』（松島茂・竹中治堅編、二〇一一年）に、バブル崩壊から二年後の状況を述べた、当時の大蔵省銀行局長になった寺村信行《てらむらのぶゆき》へのインタビュー記録がある。日本の金融危機については、ジャーナリストの立場から、軽部・西野（一九九九）、西野（二〇〇一）が、金融危機に関する数々の興味深い背景を述べているが、残念ながらこれらは山一證券が経営破綻する一年前から叙述が始まっている。その意味では内閣府経済社会総合研究所の報告は、貴重な資料である。

そこでは、寺村が銀行局長を引き継いだ時点で「銀行局は火事場」であり、一九九二年八月に、当時の宮沢喜一《みやざわきいち》首相が公的資金の導入を検討していたという話が出てくる。しかし当時の銀行決算は黒字であり、黒字の企業に税金投入をすることはできないとの理屈から立ち消えになったということが書かれている。確かに当時の金融機関は黒字だったが、それは当初の甘い不良債権の定義の下での決算だったことが見逃されている。

結局政府は、日米構造協議で米国側から要求された「一〇年で四〇〇兆円の財政拡大」によって景気の回復を図る途を選択し、構造改革を後回しにした。当時の大蔵省や銀行業界には、偏差値で測れば最も優秀な日本の「ベスト・アンド・ブライテスト」が集まっていた。彼らはハイエクとは違い、政府の力でこのような危機をコントロールできると考えたのだろう。しかし日本の「ベスト・アンド・ブライテスト」も、ケネディ政権時の「ベスト・アンド・ブライテスト」と同じ間違いを犯すことになる。

「ジャーナリストのデイヴィッド・ハルバースタムが描いた米国の「ベスト・アンド・ブライテスト」とは、ワシントンにいながら、当時戦争が起きていたベトナムの状況も理解せず、紛争介入にのめりこむエリートたちの姿であったが、実は経済面でも米国のケインズ派が、莫大な政府支出にもかかわらず、自分たちは経済をうまくコントロールできる（「ファイン・チューニング」と呼んでいた）と考えていた。しかし彼らはインフレをコントロールすることができず、結局フリードマン率いるマネタリズムの影響力が強くなっていく。

もともと米国経済は第二次世界大戦後から現在のような市場経済一辺倒だったわけではなかった。一九六〇年代までの米国の製造業は、鉄鋼、化学、自動車、コンピュータといったほとんどの分野で世界のトップであった。したがって、人材育成も企業内での製造技能の育成が中心であったし、一九五〇年代に渡米した日本の経営者や学者は、こうした米国製造業の生産性向上策を学んだのだった（東畑一九五七）。こうした傾向が変わるのは、一九八〇年代に入ってレーガン政権が成立してからで、それ以降資産所得への課税の軽減などで、トマ・ピケティが指摘する所得分配の悪化が起きるようになる（ピケティ二〇一四）。

†日本版金融危機の後遺症

米国の経済観の転換点の一つが、市場メカニズムを重視するシカゴ派を代表するシカゴ大学教授のミルトン・フリードマンによる一九六七年の米国経済学会の会長講演にあるとすれば、日本の開発独裁体制の終わりは、一九九七年一一月の山一證券の廃業だろう。

開発独裁体制下の日本経済の特徴は、青木昌彦が要約したように、長期雇用とそれに伴う年功賃金制とメインバンク制に代表される相対型の金融システムからの安定かつ低金利の資金調達であった（青木一九八四）。

この労働制度と金融制度が、企業の前向きな設備投資とそれに伴う企業成長を支えていた。しかし、小林（二〇二四）も述べているように、バブル崩壊によって車の両輪の一方である金融システムが機能不全に陥り、長期雇用制度と年功序列賃金制度も、同時期に団塊の世代が最も所得の高くなる年齢層へと入ったことにより維持不能となってしまった。

日本の経済停滞の本質は、日本企業の躍進を支えた資金面と労働面の慣行の崩壊にある。繰り返しになるが、ちょうどこの時期に米国ではＩＣＴ革命が起き、アマゾン（一九九四年創業）やグーグル（一九九八年創業）など、インターネット技術を使った新たなビジネスが誕生していた。しかし日本では直接資金市場が未発達な上に、間接金融機関もリスクを取ることができなくなったため、こうした新事業への進出に出遅れてしまった。

また労働市場では、企業がかなりのリストラを行ったが、その多くは新規採用市場にしわよせが行った。一九九〇年代後半から二〇〇〇年代初頭にかけて、新規卒業者の中での正規雇用使用での採用は大きく減少し、この頃から非正規雇用が増加していく。非正規雇用の増加は、ある意味では労働市場の流動化とも言えるが、一方で正規雇用の領域が残されているので、労働市場の変化は中途半端に終わった。このことは企業の人材教育費用の負担を減らし、短期的には企業を助けることになったが、それは後に人材不足となって企業を苦しめることになる。

投資の低迷の大部分が、この不良債権の問題に端を発している。しかし不良債権の処理が済んだ後、政府は形式的ではあるが、投資を起点とした成長戦略を経済政策の柱としていた。それにもかかわらず、なぜ投資が回復せず、結果的に生産性が向上しなかったのだろうか。次章では、日本特有の資本主義の考え方（または市場経済に対する姿勢）からこの問題を考えてみたい。

第2章のポイント

◎コロナ禍からの緩慢な回復は、三〇年以上にわたる供給サイドの政策不足にある。
◎長期にわたる投資不足は、官民双方に要因がある。
◎日本は、「開発独裁」から「プロフェッショナル資本主義」への切り替えに失敗した。

第3章

なぜ「アマチュア資本主義」を続けるのか?

停滞は貧困化願望のせいか?

　第2章では、長期にわたって日本経済の低迷が続いた理由を、設備投資を中心に説明し、そのきっかけが、日本版金融危機への対応の誤りにあったことを述べた。しかし、日本版金融危機は一九九七年に起きており、そこから数えてもすでに三〇年近くがたっている。その後、世界金融危機や新型コロナウイルスによる経済の落ち込みがあり、先進国だけでなく中国の経済までもが失速したため、日本経済の一人負けという状況ではないが、依然として日本経済が低迷していることには変わりはない。

　この間、第2章で述べたような経済学的な観点からの指摘と、構造改革の必要性についての指摘は、数限りなく行われてきた。それにもかかわらず、日本で多くの人や組織が動かないのはなぜだろうか。

よくある説明としては、この問題に関して、多くの日本人は建前と本音を使い分けているというものだ。つまり、多くの人々は改革を通した生産性の向上や、それがもたらす経済成長に関して表向きは頷きながら、内心はそうした改革に対して拒否反応を示している。また「総論賛成、各論反対」という側面もある。経済を取り巻く環境が変わってくれるなら賛成だが、自らが属する産業や企業の変革を促すような政策には反対する。

さらには、行動経済学からの説明も可能である。「プロスペクト理論」では、たとえ期待値がプラスになる投資だったとしても、人々は損失の際のダメージの方を大きく評価するため、その投資案件を回避する場合がある。こうした損失回避の行動が、現状維持を支持することになったとも言われている。

いずれの解釈も、長年にわたる改革への抵抗の理由を説明しているが、しかしそうした抵抗が、結果的に自分たち自身の貧困化につながるということは三〇年もたてば理解できるはずだ。また行動経済学の理論は、日本人のために作られたものではないので、もしこれがあてはまるのなら、他国でも日本と同じような停滞現象が起きるはずだろう。

一体、人々は自分たちの経済状況をどう捉えているのだろうか。資本主義に対して懐疑的な論調がなくならないのも、こうした閉塞的な経済状況に不満が募っている現れとも受け取れる。ここでは、序章で述べた「プロフェッショナル資本主義」と「アマチュア資本主義」という切り口から、長期停滞の社会的背景を考えてみたい。

†「プロフェッショナル資本主義」の特徴

「プロフェッショナル資本主義」の前提にあるのは、経済的な取引に関して、各個人または家計は、日々合理的な選択をしようと努めているということである。これは、経済学が基本的に「選択の科学」であることに基づいている。より経済の取引に引き寄せて考えると、ある人が所得の範囲内でどのような財やサービスを選択すれば、それらの消費がその人にとって最も満足のいくものになるのかを考えるのが経済学である。

このことは現在の取引だけでなく、将来の経済取引についても言える。例えば住宅を購入する場合、大抵の人は現在の所得だけでは購入できず、借り入れをして将来の所得の一部から利子と元本を支払うことになる。したがって、住宅をいつ購入するかという選択は、現在の所得だけでなく、将来どれだけ所得が得られるかにも関わってくる。

つまり、「プロフェッショナル資本主義」からすれば、長期の停滞すらも人々の選択の結果ということになる。いま企業や組織について生産性を向上させる改革を行わなければ、将来貧しくなっていくことはわかっているのにもかかわらず、現状維持を続ける決断をするということは、貧困化の方を選択しているといと指摘されても反論できないだろう。

もっとも「貧困化を選択している」という表現はいささか強過ぎるかもしれない。コロナ禍における人々の行動のように、我慢さえしていれば、いずれ「神風」が吹いて災禍は終わるという期待のもとに現状維持に努めているだけで、好んで貧しさを志向しているわけではないという意見もあるだろう。しかも、こうした行動は、多くの日本人にとって美徳と考えられている。

しかし後に述べるように、「我慢」を続けることは日本経済全体から見れば必ずしも望ましいものとは言えない。例えば二〇二四年四月に、台湾でマグニチュード七・二の大地震に遭い、避難された方々の生活を見ると、プライバシーが配慮された避難所で過ごされている。一方日本は、台湾以上に地震が頻繁に起きているにもかかわらず、「我慢」という名のもとに、依然として雑魚寝《ざこね》に近い避難生活を強いられている人々がいる。コロナ禍における韓国、地震における台湾などのように、経済発展を遂げた国々の災害への対応と比較して、災害大国でありながら、日本は「我慢」という選択しか持ちえないほど貧困化したように見える。

†「合成の誤謬」からの解釈

経済学に即した、日本の停滞に関するもう一つの解釈は、「合成の誤謬《ごびゅう》」という概念を使ったものだ。これは、ケインズが名著『雇用・利子および貨幣の一般理論』で展開した議論だ。不況期には所得が減少し、個々の家庭は節約をする。これは個々の家庭としては当然の行動だ。しかし、経済全体としてみると、消費が落ち貯蓄が増えるため、経済全体の所得が落ち込み、さらに景気が悪化するという悪循環が起きてしまう。ケインズ派の経済学者たちは、この悪循環を断ち切るために政府は財政支出を増やし、経済全体の所得を増やすべきだと主張した。

ケインズの「合成の誤謬」は、短期的に変動する景気循環を深刻化させる要因の説明として使われたが、今回の長期停滞の要因としても説明が可能である。つまり、人々が将来を見通せない中で、改善のための対応を行わず現状維持を続けているのである。このことは、個々の企業としてはやむを得ない選択だが、日本経済全体としては、結果的に国際競争力が低下し、自社や自産業の財・サービスの売上が伸びず、停滞が続くという悪循環を招くことになる。

ここで短期と長期の違いは重要である。短期的には利用可能な資本設備の稼働率が低下する一方で、労働者が失業という不況のツケを払わされることになる。したがって、政府支出を利用して労働者を救うためにも、短期的な「合成の誤謬」を解消することは重要である。しかしながら長期間にわたって競争力を失った企業は、市場から撤退することもできるし、新たに参入した企業が成長して古くなった企業を買収することもできるので、こうした新陳代謝が働きさえすれば、停滞を回避することができる。つまり短期とは異なり、長期的な問題解決には政府の財政支出とは別の手段が取られることになる。

日本の場合はこれに加えて、労働を固定的な生産要素として捉えているという側面がある。非正規雇用が増加することで、日本の労働市場も変化しているが、まだまだ固定的な雇用を前提とした日本的雇用慣行が残っている。このため、深尾京司に代表される経済学者達は、長期にわたる「合成の誤謬」の結果である経済停滞から脱却するために、新陳代謝による企業の参入・退出の活性化と、労働者が企業間・産業間で移動しやすくなる労働市場の流動化を主張しているのだ（深尾二〇一二）。

†他力本願の行動原理

前例踏襲の判断を繰り返し、貧困化がもたらす現状をひたすら「我慢」するにせよ、自らの周辺の情報だけをもとに、合理的な判断をするにせよ、そこから生まれる停滞状況を個人の選択で切り開いていくことが難しいと感じると、結果的に人々は、この環境が外部からのショックで何とかならないかと願うようになる。いわゆる「神風願望」である。

実際、筆者がかつて政府系金融機関で担当していた海運業界では、国際航路の運賃の変動が激しく、荷動きが停滞しているときには、日本の船社はひたすら耐え抜いて「神風」が吹くのを待ち続けていた。そんな中で中国が急成長して貨物の運賃が上昇したのを見たときには、確かに「神風」はあると納得したのを覚えている。もちろん日本の海運業は、単に神棚に向かって祈っていたわけではなく、外国人船員の採用や便宜置籍船《べんぎちせきせん》の活用など、国際競争力を維持するために必死の努力をしていたわけだが。

生産性の議論をする際に、経営者がよく言う「価格を上げられる環境にならなくては」という議論も他力本願的な現象の一つだ。確かに価格は需要と供給で決まる。先の発言は、需要が盛り上がっていないので価格を上げる環境にないということだろう。一般的に言えばそれは正しいが、しかしそのような状況であれば、より質の高い製品を提供するべく生産性の向上に取り組めばよいのではないか。多額の内部留保がありながら、「価格が上げられないから、生産性の向上ができない」というのは本末転倒ということがわかるだろう。

また、よく消費者に製品やサービスを安く提供していることが、あたかも全面的に良いことかのように報道されたりするが、これも疑問である。財やサービスが安い価格で提供されるためには、生産要素が安く調達されていなくてはならない。それは、とりもなおさず、主要な生産要素の一つである労働力が安く使われていることを意味する。安い価格の製品を買えて消費者は喜ぶかもしれないが、労働者は安い賃金で、日本お得意の「我慢」

をし続けなければならないのだろうか。さらに、こうした企業が赤字を続けながら存続していたとすれば、それは必ずしも社会的に望ましい行動とは言えないだろう。

†経済学や資本主義への不信

このような議論を展開していくと、「世の中は経済学の議論通りにはいかない」、「それは資本主義そのものに問題があるからだ」という反論が返ってくる。確かに経済学の議論が現実の経済にどれだけあてはまるかに関しては、経済学者によってもまちまちだろう。そもそも学問というのは、最先端の「数学」や「物理学」に代表されるように、世の中の動きとはかけ離れたものなので、現実との折り合いをつける必要はないという学者もいるだろう。一方で、最近のデータ・サイエンスブームのように、詳細なデータさえ提供されれば、経済学には現実のニーズに応えられるだけの分析やツールの蓄積があると主張する学者もいるかもしれない。

筆者は、集計的なデータから日本経済の動向を観察することを主要なフィールドとしているので、そうした立場から述べると、経済学は、短期的な経済の改善よりも、長期的な経済動向の見通しに力を発揮するのではないかと考えている。

例えば、最も経済学らしい議論として自由貿易の議論がある。これは貿易を自由化して、お互い不得手な分野の財・サービスを取引し合った方が、貿易国双方が利益を得て繁栄するというものだが、それを現実の経済で証明してくれたのは英国である。

英国は二〇一六年に実施された国民投票によって、EU（欧州連合）からの離脱を決めた。しかし、離脱後の英国経済のパフォーマンスは思わしくない。貿易を自由化すると、不得手な生産品目については供給不足が起きるか、より高い関税を支払わなくてはならない。このため、英国は新型コロナによる行動制限解除後に一気に需要が増えた際に、供給力の制約から先進国の中でもトップクラスの物価上昇率に悩まされることになった。最近では国民の中でEUへの復帰を期待する人の割合が増えてきている。

また経済学は、政府による自由な経済活動への障害が大きくなるほど、一般的に経済成長は阻害されるということを教えている。すでにみたように、日本が長期停滞に入った大きな要因の一つは、政府が不良債権の処理を誤ったことだった。規制産業である金融業への細かな指導を政府がすればするほど悪循環が続き、結果的に日本の金融業は成長産業への資金提供機能を失ってしまった。

そして、その日本の失敗例を繰り返そうとしているのが中国である。新型コロナウイルスの感染拡大に伴う強権的な経済への介入により、日本のバブル期と同じく高成長を見込んで投資された不動産物件が大量に不良資産化している。

この状況を中国政府は、日本と同じように情報公開せずに鎮静化しようとしているようだが、その結末は一九九〇年代の日本を見れば明らかなように、一見平穏ではあるが、視界不良の停滞状況の長期化であろう。これから、恐らく日本と同じように、中国でも新規のイノベーションも起こりにくくなっていくのではないだろうか。日本や中国のような経験は、今後開発独裁によって急成長を遂げた国々で起きるだろう。

†開発独裁からの転換は可能か?

開発独裁から「プロフェッショナル資本主義」への移行には、かなりのハードルがあることを日本でいち早く見抜いていたのは、高度成長期のエコノミストである下村治《しもむらおさむ》だったかもしれない。下村は、戦後日本の高度成長の可能性を強く主張し、実際にそれが実現したために、専門家よりも一般の経済人に支持されるカリスマ的なエコノミストとなった。

その下村が石油危機を機に一転してゼロ成長論者になったとき、人々は仰天した。これは筆者の推測だが、下村は先に述べた労働市場の自由化や企業や産業の新陳代謝は、日本にはなじまないと考えていたのかもしれない。「プロフェッショナル資本主義」への移行がなければ、経済は停滞し人々の消費可能性は狭くなるのだが、それを下村は「節度」という言葉で表現していたように思う。

逆に、日本経済は真の国際競争力をつけるために、高度成長期の体制を改めなければならないと説いたのは、下村と同じく大蔵官僚を務めた野口悠紀雄《のぐちゆきお》一橋大学名誉教授だ。野口は高度成長を実現した体制の多くが戦時体制の名残であると指摘し、それを「一九四〇年体制」と名付け、この体制を克服しなくては、もう一段進んだ成長ステージへと移行できないと考えていた（野口一九九三）。

幸か不幸か、日本は石油危機時には、苦しみながらも、先進国の中では鉄鋼、化学などの重厚長大産業から自動車や電機などの軽薄短小産業への移行を進めることができた。この成果が一九八〇年代の繁栄をもたらすことになる。しかし、一九九〇年代に入ると、下村が危惧し、野口が指摘した構造の問題が再び浮上する。この時点で日本は構造改革を通した成長への転換ができず、安易な財政拡大に頼ってしまう。

通常の経済学では、財政金融政策は短期の景気循環を平準化する政策として使われる。実際アベノミクスでは、「異次元の金融政策」という名目で大規模な金融緩和が行われた。しかしながら、この時期経済成長率が一％を超える時期はあったものの、安倍の首相在任期間（二〇一三年から一九年、二〇二〇年はコロナ禍のために除く）中の経済成長率は〇・九％と、平成年間の経済成長率よりも低いくらいである。

これは、財政金融政策では経済成長を加速化させることはできないということを明確に表している。それでも財政金融政策に期待してしまうのは、本当は経済学の議論などどうでもよく、単に先に述べた将来のことを自分で選択できない「他力本願」型の特性なのかもしれない。

なぜ間違った政策が支持され続けるのだろうか？　一つの理由としては、人々は経済だけを判断材料としているわけではないということだ。米国を始めとする友好国との緊密な信頼関係を結べることも、リーダーの重要な資質である。こうした国際関係に関して、かつてのように米国任せで済んだ時代は終わっているので、相対的に経済の比重が小さくなってくるのはやむをえない。

それならば、経済に関しては専門家に任せればよいのだが、二一世紀に入って政府内の経済専門部署である経済企画庁がなくなり、政府内におけるマクロ経済の司令塔は、実質的に空洞化している。このため専門家のアドヴァイスはあるものの、実際には過去の経験を踏まえない場当たり的な政策が続き、本質的な政策には手がつけられないまま、いたずらに時が過ぎ、人々の合理的な経済政策への関心は薄れてしまっている。

†日本は小さな「ムラ」社会の集合体

ここまでは、なぜ長期にわたって経済学が理解されないのか、合理的な政策が選択されないのかということを個人の合理性を基準にして考えてきた。しかし多くの日本人は、本当に個人レベルで社会的な問題に対して判断をしているのだろうか。これほど長期間にわたって経済成長が続かないということは、個人レベルでの生活水準も停滞したままということを意味する。それにもかかわらず、欧米はおろか中国や韓国でも起きるような、異議申し立てや、大きなストライキやデモが起きないのはなぜだろうか。

この疑問に対する答えとして、ありきたりではあるが、日本は小さな「ムラ」単位で組織された社会だからだという説明がどこまで通用するかを考えてみたい。この「ムラ」というのは、自分が属する企業組織でもよいし、地域の自治組織でもよい。個人または家族が直接関係することの多い組織のことを指す。企業であれば、工場やまたその中の部や課の単位でもよいだろう。

「ムラ」の特性は、特に法的な根拠がなくても実質的な影響力を持つ点にある。典型的な例は、自らのグループを「ムラ」と自称する自民党内の派閥である。二〇二三年の後半から派閥の弊害がクローズアップされるようになったが、それまでは派閥が大臣、副大臣などの実質的な人事権を有していた。

企業でも工場や営業店舗などのいわゆる「現場」が形式上の決定権以上の力を有している例はある。このような小さな「ムラ」の集合体のトップ（首相や社長）は、最高決定権者ではなく、多数の小規模な「ムラ」の調整役でしかない。「リーダーシップ」という言葉は、手垢にまみれるほどよく使われる言葉だが、「ムラ」の住民は、本当はリーダーシップなど望んでいないのではないかとさえ思えてしまう。

†個人と「ムラ」

では、こうした「ムラ」と個人との関係はどのようになっているのだろうか。「ムラ」の単位は小規模なので、その組織が共通のルールとして扱う範囲は非常に狭い。したがってそこに属する個人は「ムラ」が規定する以外の事象については、発言や行動の自由が許されている。特に平時においては、通常の自由社会と変わりはない。しかし「ムラ」のルールを逸脱することは難しい。

次のような例はいかがだろうか。一九八〇年代終わりから一九九〇年代初めにプロ野球パ・リーグで活躍した野茂《のも》英雄《ひでお》選手は、当時所属していた球団との確執から任意引退という形で大リーグのロサンゼルス・ドジャースに移籍。一三年間にわたる大リーグ生活の中で、新人王、二度の最多奪三振、二度のノーヒット・ノーランという偉大な記録を打ち立てた。当時は、今と違って日本のプロ野球から大リーグへ行くルートは整っておらず、野茂の行動は、まさに日本の「プロ野球ムラ」にとって掟破りの行動だったが、この野茂の活躍によって、後に続く日本選手が大リーグで活躍する機会が開かれたのだ。

一九九〇年代の日本はまだGDP世界第二位の国であったが、同時に、「日本人は個人の顔が見えない」と言われていた。今では信じられないことだが、欧米人が「あなたはどういう人か」ということを聞いても、自分が所属する組織の話ばかりをする日本人が多かった（かくいう筆者自身もそうだったと記憶している）。そうした中で所属する組織を捨て、単身で個性的なピッチングを披露する野茂選手は、おそらく普通の米国人が認識した最初の「個人」としての日本人ではなかったろうか。

もちろん、スポーツの世界が、すべてプロ野球と同じような体制ではない。日本のプロ野球と対照的なのは、サッカーのJリーグである。経営的には問題も抱えているチームもあるが、大都市中心ではなく地域に根差したチームを作り、海外から指導者や選手を積極的に呼ぶことで開放化を進めた結果、代表チームの実力も上昇し、ヨーロッパのチームに次ぐ実力だと評されるまでに成長していることは述べておきたい。

もちろん海外は、長らく経済大国としての日本を認識している。しかしそれは組織や「ムラ」の集合体としての日本であった、実際一九八〇年代の日本経済の躍進を最も明快に説明していたのは、青木昌彦が提唱した「日本的経営モデル」だった（青木一九八四）。これは経営者と労働者そして金融機関が、共通の成長期待の下に協力し合うモデルだが、実際は個々の経営者や労働者の行動というよりも、経営者の団体、労働者の団体そして金融界といった、それぞれの「ムラ」同士の協調の結果と言える。それゆえに組織への帰属意識の高い人たちにとっては達成感があったかもしれない。

この個人と組織のギャップは、日本的な組織の力が後退した今となっても残っている。典型的なのは選挙だろう。長らく政権を担当している自民党は、様々な「ムラ」の集合体として存在している。こうした「ムラ」は生活共同体のようなものなので、イデオロギー的な色合いはばらばらである。自民党は保守と言われているが、その最も大きな要素は「ムラ」のこれまでの仕事の仕方を守ることで、何か一貫した保守思想でつながった政党ではない。こうした政権党と接しているのは「ムラ」のとりまとめ役であり、特定の価値観に共鳴した個々の人たちではない。このため個々の人たちは政治には関心がなく、投票率も低いままなのである。

同じことは仕事への意欲についても言えるだろう。日本は他国に比べて雇用期間が長いなど一般的に労働者が大切にされているように見えるが、労働者個人のやりがいや会社での仕事を誇りに思う割合は、図3－1に見られるように世界の中でもかなり低い。日沖健《ひおきたけし》は、こうした結果について、日本の労働者は、外国とは異なり、仕事の内容と報酬が対応していないので、自らの業務範囲に対して曖昧な不安や「やらされ感」があるためだと説

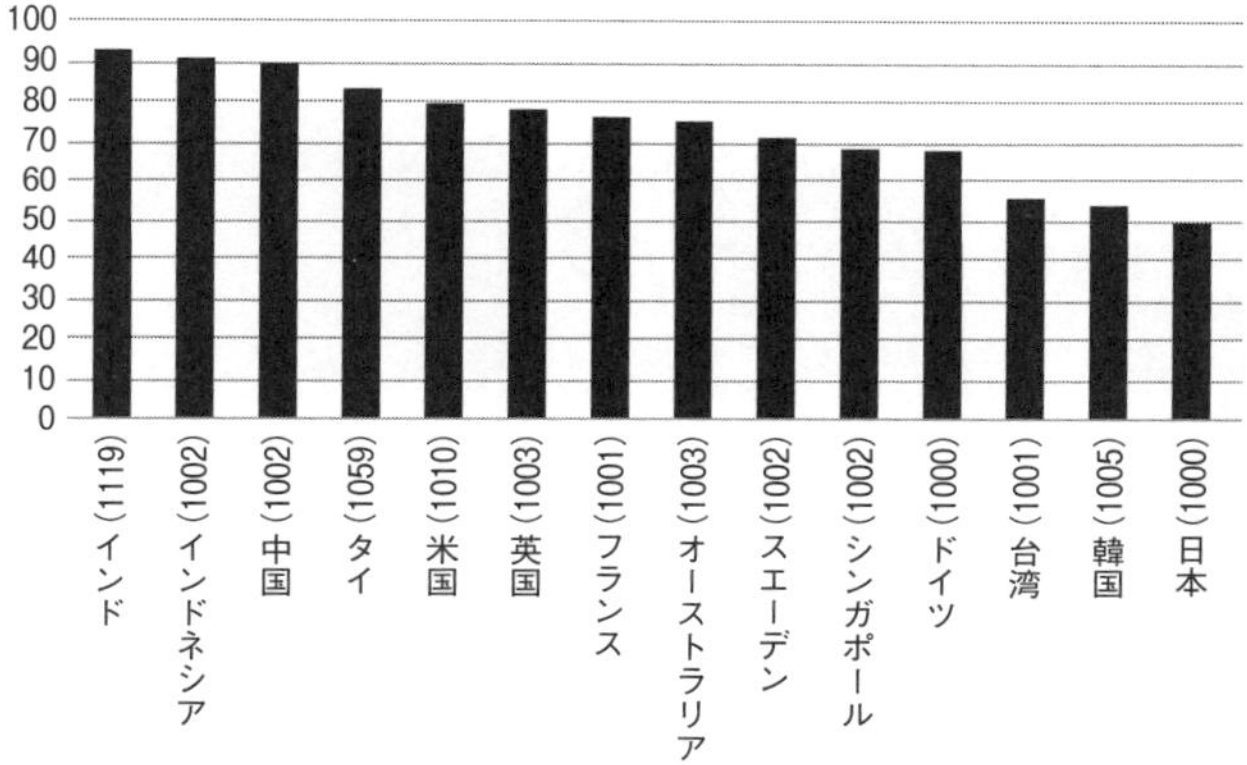

図3-1　働く幸せを実感している人の割合（%）
出所　パーソル総合研究所「グローバル就業実態・意識調査――はたらく Well-being の国際比較」
注　（　）内は回答者数

明している（日沖二〇二四）。

これをここでの文脈に置き換えれば、職場において「プロフェッショナルな資本主義」の流儀が貫徹せず、組織内の様々な仕事をこなすことで「居場所」を確保するというシステムになっているからだろう。

†「ムラ」の功罪

令和の世になってもこうした「ムラ」の要素が残るのは、それなりのメリットがあるからだろう。例えば新型コロナウイルスの感染拡大で緊急事態宣言が発出され、外出が制限された際も、欧米のロックダウンのような強制的な手段をとらず、経営者団体にテレワークを要請するなど、「お願いベース」の措置で対応することができた。

また大地震の際の被災者支援も、農協や商工会議所という団体を通じて支援をすることが可能となっている。

日本の人々は、何らかの小規模な「ムラ」に属しているので、近しい人への配慮から自主的な自粛をトラブルなく実行した。このような重層的な「ムラ」組織を通じた政策伝達が、危機時の弾力的な対応を可能にしている。加えて行政上の組織ではない団体を利用して政策を伝達していく手法は、実は政府規模の形式上の膨張化を防いでいるともいえる。ただこれがうまくいくのは「人命重視」という、各「ムラ」とも異論をはさむ余地のない目的があるからだ。しかもこうした重層的な組織では、中央政府から末端の組織へ指令が一方的に行き渡っているわけではない。

我々は、コロナ禍における医療従事者の献身的な働きに対して、平時以上の感謝と尊敬の念を抱いている。しかし、一方でこうした感染症対策のためのデジタル化に医療界はあまり乗り気ではなく、政府もこうした医療界の姿勢を追認している。それは、デジタル化による医療組織の格差を懸念しているためだろうか。残念ながらこうした「手をつないで運動会の徒競走をする」ような姿勢は、医療の質を向上させることにはならないのではないか。このように、「ムラ」とより上位の政府との関係は、いろいろな法律上の関係とは別に、持ちつ持たれつの関係にある。

このような各ムラと政府との曖昧な関係は他にも見られる。例えば納税について考えてみよう。通常の企業に勤めるサラリーマンは、所得税や社会保険料を源泉徴収された給与を受け取る。これはある意味サラリーマンにとっては便利だが、大多数の労働者が納税の痛みを実感できない原因にもなっている。特に今日のように、増税や社会保険料の増額が必至となっている状況では、こうしたシステムは政府にとっては都合が良いが、労働者にとっては必ずしも良いとは言えない。何も企業が高額の人件費を使って国の代理店のようなことをしなくても良いのではないだろうか。

筆者は以前、統計委員会の委員を務めたことがあるが、統計法一三条によって、基幹統計の対象者は、その統計の質問に回答する義務があると定められている（罰則規定まである）。それにもかかわらず、こうした基幹統計の回答率は一〇〇％には達していない。これは企業などではバックオフィスに割く人員がいないからだが、それなら所得税や社会保険料の源泉徴収についても無理に行うことはなく、後に述べるデジタル化で対応すればよいではないか。

†「ムラ」の決定原理と「アマチュア資本主義」

一方、小さなムラの規模を超えた事業になると、その事業は「ムラ」と「ムラ」の間の調整のために大変長い時間と労力を必要とする。つまり会議の連続の末に、ようやく事業が決定するようになる。そうして一旦決定された事業は、なかなか中止することができない。

典型的な例は、二〇二五年に開催される予定の大阪・関西万博だろう。財政が巨額の赤字を抱えているにもかかわらず、資産としても残らない事業の費用が嵩《かさ》んでいく。おまけに人手不足で開催までにパビリオンの建設が完成しない可能性もあるが、主催者には開催を延期したり中止したりするつもりは毛頭ない。

本来は、こうした事態に対して合理的な説明をすべき政治家や企業団体のトップは、「もう決まったことだから」と理屈にもならない言い訳をし、さらには労働基準法を超える働き方への「特例」を求めるという悪しき「昭和」的対応に終始している。恐らくこうした事態の背景には、これまでに多くの労力と時間をかけてきた「ムラ」間の調整を無にしたくないとの思いがあるのだろう。

こうした事例は特に大阪・関西万博の例に限らず、営利企業の行動様式でもしばしば見られる。日本では、組織を取り巻く外部環境が悪化しても、一度決まった事業や決定をなかなか変えようとはしない。よく前例踏襲と言われるが、こうした決定はそれを実行する労働の固定化と対応している。これらの行動様式は一見労働者を大切にしているように見えるが、事業の新たな展開が見通せず、最終的には傷口を広げて破綻してしまい、労働者は路頭に迷うか低賃金で働くことになる。

停滞が長期化するようになってから山一證券、日本航空、シャープ、東芝など、日本を代表する企業が続々と破綻し、経済全体としても半導体分野など多くの事業が失われてしまったが、その背景にはこうした「ムラ」の決定原理が大きく影響していると筆者は見ている。

一方、米国では、コロナ禍でデジタル化が進展し、収益がさらに増大したGAFA（Google, Amazon, Facebook, Appleの総称）などの企業でさえ、その好調期に事業の転換を模索しリストラを行っている。また東京ディズニーランドも業況にかかわらず、定期的に新たなアトラクションを提供し、リピーターを飽きさせないようにしている。彼らにとっては、追い込まれてから決定を下すのでは遅すぎ、あらかじめ余力があるときに人材も含めた次への投資をしなくてはならないと考えているのだろう。

未来に向けた不断の投資と事業展開を目指す「プロフェッショナル資本主義」に対して、一度決めたら最後までやり抜くことを「美学」とする日本の事業経営は、「アマチュア資本主義」と呼べるだろう。先にあげた山一證券の社長が、一九九七年に会社が破綻した際の記者会見で、涙ながらに「社員は悪くない」と訴えたことが話題になった。これなどは、まさに高校野球の監督が試合に負けたときに「選手は悪くない」と言っているようなものだ。むしろ、説明すべきは「悪い」か「悪くない」といった倫理的基準よりも、適切な企業運営や管理をしてきたかどうかだろう。

スポーツの世界では、おおむねプロの方がアマチュアよりもパフォーマンスが良い（例外はフィギュア・スケートか？）のが当たり前だが、このことは経済的な競争にもあてはまる。

†従来型「アマチュア資本主義」の限界

日本社会の構造に根差した「アマチュア資本主義」を変えることへの抵抗感は強い。しかし、その抵抗が貧困をもたらすということもまた、日本人は理解しているはずだ。それでも従来型のビジネスを踏襲する「アマチュア資本主義」を維持するのは、ある意味第二次世界大戦に負けるとわかっていながら、戦争を遂行したときの日本と同様の心理と言えなくもない。

これは日本の場合、地方で実際に起きている現象でもある。それまでの慣習にこだわり転換をしなかったために、多くの若い人が都市部へと移動していった。こうした流れに対して、政府は、東京都心の大学の入学定員規制といった姑息《こそく》な方策で対応したが、そもそも地方の側はそのままなのだから、事態が改善するはずもない。

地方消滅の次は、日本全体の更なる縮小化と貧困化が迫っている。その段階になっても「アマチュア資本主義」に基づく前例踏襲的なビジネスモデルに固執するならば、単なる人材の奪い合いと業務効率の低下が進むだけである。こうした状況を打開するためには、新たな投資が不可欠である。次章からは、日本経済に活力を取り戻すのに不可欠な二つの投資、「デジタル投資」と「人材投資」について述べていきたい。

第3章のポイント

◎「プロフェッショナル資本主義」は個人が経済合理性に基づいて行動することが前提。
◎日本では、個人レベルでの行動よりも、「ムラ」レベルの意思決定が優先されており、これが「プロフェッショナル資本主義」への移行を妨げた。
◎「アマチュア資本主義」では意思決定の速さについていけず、労働者の満足度も不十分なままになる。

Ⅱ

日本経済の選択肢

第4章 デジタル化なくして前進なし

†ICT革命とデジタル化

　これまでの章で、日本経済低迷の主因が投資不足にあり、国内での投資が回復すれば生産性が上昇し、賃金の持続的な上昇も可能となることを説明した。その背景には、日本社会の構造的な要因も関わっており、人口が減少していく中で、これ以上貧困化していくのを避けるためには、投資によって未来への一歩を踏み出し、長期停滞をもたらしている「アマチュア資本主義」の変質が必要だと述べた。

　原則的には、企業にとって将来的に収益が上がると考えるのなら、どのような投資でもよい。例えば、東京ディズニーランド（経営主体は（株）オリエンタルランド）は、定期的に新たなアトラクションを作り、観客を飽きさせないようにしている。開業三年後に「キャプテンＥＯ」というアトラクションが導入されたが、これは最終的には二〇一四年にはなくなり、代わりに「スター・ツアーズ」などの新たなアトラクションが導入されている。つまり一つの園内で、継続的な投資によって、絶え間ない新陳代謝が行われているのだ。投資にはコストがかかり、それは入園料に反映されるが、入場者を選別し、収入へのダメージを回避している。つまりここでは、積極的な投資と価格のサイクルがきちんと働いているのだ。もちろん政府の投資も企業の収益向上を後押しするようであれば、積極的に実施すべきだろう。高度成長期の道路や港湾などへの投資は、そうした要件を備えたものだった。

ただ現在進行形の少子化を見据えれば、官民ともに推進していくべき投資は、デジタル投資だろう。実際、コロナ禍を経て、デジタル化の推進が日本経済全体の課題として強調されるようになった。デジタル化の先駆けとなったＩＣＴ革命が始まった一九九〇年代後半からは長い年月を経ているので、何を今更デジタル化なのかという疑問もなくはない。この時期になって経済社会全体でデジタル化が注目されること自体、この間日本のデジタル化が進展してこなかったことの裏返しとも言えるからだ。

振り返れば日本政府は、米国でＩＣＴ革命がビジネスに応用されるようになって間を置かず、二〇〇〇年にＩＴ総合戦略本部を内閣に設置し、世界最先端のＩＣＴ国家を目指そうとしていた。それなのになぜ二〇年以上過ぎた今も同様の政策課題が浮上しているのか。

その謎を解く最大の要因は、当初ＩＣＴ化と呼ばれていた課題が、「デジタル化」と呼ばれるようになった変化の中にある。ＩＣＴ化とデジタル化には共通する部分が多いが、ＩＣＴ化というのは、情報機器、通信機器、ソフトウェアなどを、企業を始めとする組織に導入することを意味していた。ＩＣＴ革命当初、欧米先進国も日本もこのＩＣＴ化によって生産性が向上すると考えていたが、米国を除いて目立った成果を挙げることはできなかった。その背景としては、二〇〇七年の「米国大統領経済報告」が指摘しているように、ＩＣＴ化は、それだけでは生産性を上昇させることはできず、人材、組織改革など付随的な無形資産投資を行って初めて生産性の向上へと結びつく。

こうしたＩＣＴ化をテコにビジネスの手法全般を変化させていくという点は、日本でも篠崎彰彦《しのざきあきひこ》や西村清彦《にしむらきよひこ》・峰滝和典《みねたきかずのり》によって指摘されていたが（篠崎二〇〇三、西村・峰滝二〇〇四）、この時点での日本は、結果的にハードのＩＣＴ投資（つまり情報機器や通信機器への投資）の促進に終始し、業務の改革を怠っていた。

最も典型的な例は、コロナ禍で話題になった、各種書類に押印《おういん》がなければ事務が進まなかったことだろう。ファックスを購入するだけでも立派なＩＣＴ投資なのだが、残念ながらそれだけでは業務の改善は進まない。本当のデジタル化というのは、このＩＣＴ投資をビジネス全般の改革に結びつけて、生産性の向上を図る動きを指している。

ICT化をいかに生産性向上に結び付けるかという基本的な方向性も、二〇〇〇年代後半には周知であったが、日本でこうした点に関心が向かなかった背景には、今世紀に入ってからのマイルドなデフレ現象が経済全体の停滞をもたらしているとの考え方が広がり、短期的な政策である財政金融政策に関心が移ってしまったこともある。もちろん、各政権の経済対策には「成長政策」という名目が書かれているのだが、重点的な政策以外は、国民や企業の関心も薄いため政策の推進力も弱くなってしまっていた。

✝デジタル化の系譜

それでは、日本は昔からデジタル化が遅れていたのだろうか。ここでは、ICT革命やデジタル化の経緯を辿る中で、日本がいつ頃からデジタル化に遅れていったかを見ていきたい。

表4-1は、ICT化、デジタル化の歴史を簡単にまとめたものである。何とICT化(米国流ではIT化)の始まりは六〇年以上前に遡る。その一〇年後の一九六〇年代後半になると、現在のICT技術を支える二つの大きな技術革新が始まる。

一つは、現在もPC向けCPUを製造しているインテル社の前身が設立されたことである。創設者の一人であるゴードン・ムーアは、集積回路の部品数が毎年、(一九七五年から

西暦	出来事
1957	米国で初めてIT（情報通信）投資という用語が使われるようになる。 フェアチャイルド社（ムーアの法則のゴードン・ムーア氏は、フェアチャイルド社の研究開発部門のディレクターだった）創設
1968	ムーア氏とノイス氏がインテル社の前身である NM Electronics を創設
1960年代後半	米国国防総省と大学を結ぶパケット交換による通信回線として ARPANET が開発される（インターネットの源流）
1975	デジタル・カメラの原型をイーストマン・コダック社が開発
1976	スティーブ・ジョブズ氏 Apple 社創業、Apple 1 開発
1977	Apple 2 開発
1978	日本最初のパーソナル・コンピューター（8ビット）が発売される。
1981	IBM PC 発売、オペレーティング・ソフトとして、マイクロソフト社の DOS が採用される。
1982	タイム誌がパーソナル・コンピュータを machine of the year に選ぶ
1984	Apple 社、Macintosh を発売 日本でも ARPANET のように、慶應義塾大学、東京工業大学、東京大学を結ぶ JUNET が作られる。
1985	ARPNET が全米科学財団の学術用ネットワーク NSFNet に移行
1988	米国で商用インターネットが開始される。
1989-90	スイスの素粒子物理研究所のティム・バーナーズ＝リーらが、World Wide Web を開発
1994	Amazon が創業 SONY プレイステーションを発売
1995	NSFNet が民間に移行 Microsoft 社　Windows 95発売
1998	Google 創業、日本では楽天創業（1997）
1999	Internet of Things（loT）という用語が提唱される。
2004	マーク・ザッカーバーグが Facebook を創業 スウェーデン、ウメオ大学のエリック・ストルターマン教授がデジタル・トランスフォーメーションの概念を提唱
2006	ディープ・ラーニングの起源となるニューラル・ネットワークの深層化手法が提案される
2007	iphone 発売される。
2008	Airbnb 創業
2009	Uber technologies 創業
2010	エコノミスト誌が「ビッグ・データ」という用語を提唱する。 イギリスで Deep Mind 社創業（2014年に Google に買収される）
2011	IBM Watson を開発し、米国のクイズ番組「ジェパディ！」で人間と対戦する。
2016	Deep Mind 社の Alpha GO がプロの囲碁棋士に勝利する。
2019	Facebook が暗号通貨 Libra の創設を発表
2022	Open AI の Chat GPT（生成 AI）が普及する。

表 4－1 デジタル化の系譜

出所　Brynjolfsson and Mcafee（2014）等により筆者作成

は二年ごと）二倍になるという有名な「ムーアの法則」を唱えた人物である。そしてその予測は的中し、情報化は恐るべき速度で進展していく。

もう一つの革新の端緒は、米国国防総省と大学を繋ぐパケット交換による通信回線としてアーパネット（ARPANET）が開発されたことである。パケット交換方式の通信とは、送信される情報を複数に細分化し、分散したルートで相手先に送る方法だ。これにより、通信の方法が効率化されることになった。そしてこのアーパネットが一九八〇年代後半に入って公開されたことで、一般人が利用できるインターネットが普及することになる。

一九七〇年代に入ると、従来の大型ホスト・コンピューターに代わり、パーソナル・コンピューター（PC）が登場するようになる。そしてこのPCを起動するオペレーティング・システムとして、マイクロソフト社のディスク・オペレーティング・システム（DOS）が普及する。DOSは、一九九〇年代に入り、通信も可能となるWindows 95へと進化する。こうした情報通信技術のビジネスへの応用により、一九九〇年代に入ってICT革命を利用したビジネスが花開く。

日本もこの頃までは、最先端の情報通信技術をフォローしていた。一九七〇年代にはPCも発売され、デスクトップPCを世界で最初に発売したのも日本だった。OSでもトロン（TRON）の開発を行い、アーパネットに近いネットワークの開発も進んでいた。何よりもゲームの世界では、日本が世界をリードしていた。

しかし二一世紀に入ってからの日本は、ハード、ソフトともに世界の潮流から取り残される。二〇〇四年にはデジタル・トランスフォーメーション（DX）の概念が打ち出されるが、日本企業はこの流れについていけなかった。さらには二〇〇〇年代後半からエアビーアンドビー（Airbnb）やウーバー（Uber）などに代表されるプラットフォーム・ビジネスなどのさらに新しいビジネスが起こり、二〇二〇年代はついにAIが活用される時代となった。

こうしたデジタル化の進展についていけない日本は、海外で開発されたソフトやクラウド・サービスに頼らざるをえないため、図4－1のように国際収支統計における通信・コンピュータ・情報サービスの対外赤字は、二〇一〇年代半ばから急増している。

†デジタル化の遅れがもたらすもの

一つの例として、コロナ禍前の二〇一九年に実施された「生産性向上につながるITと人材に関する調査」（とりまとめは、宮川他二〇二〇）がある。この調査では、ICT投資だけでなく、それに付帯する様々な企業活動やICT化の課題について質問を行っているが、その中に、自社でICTを導入した場合の対応に関する質問がある。

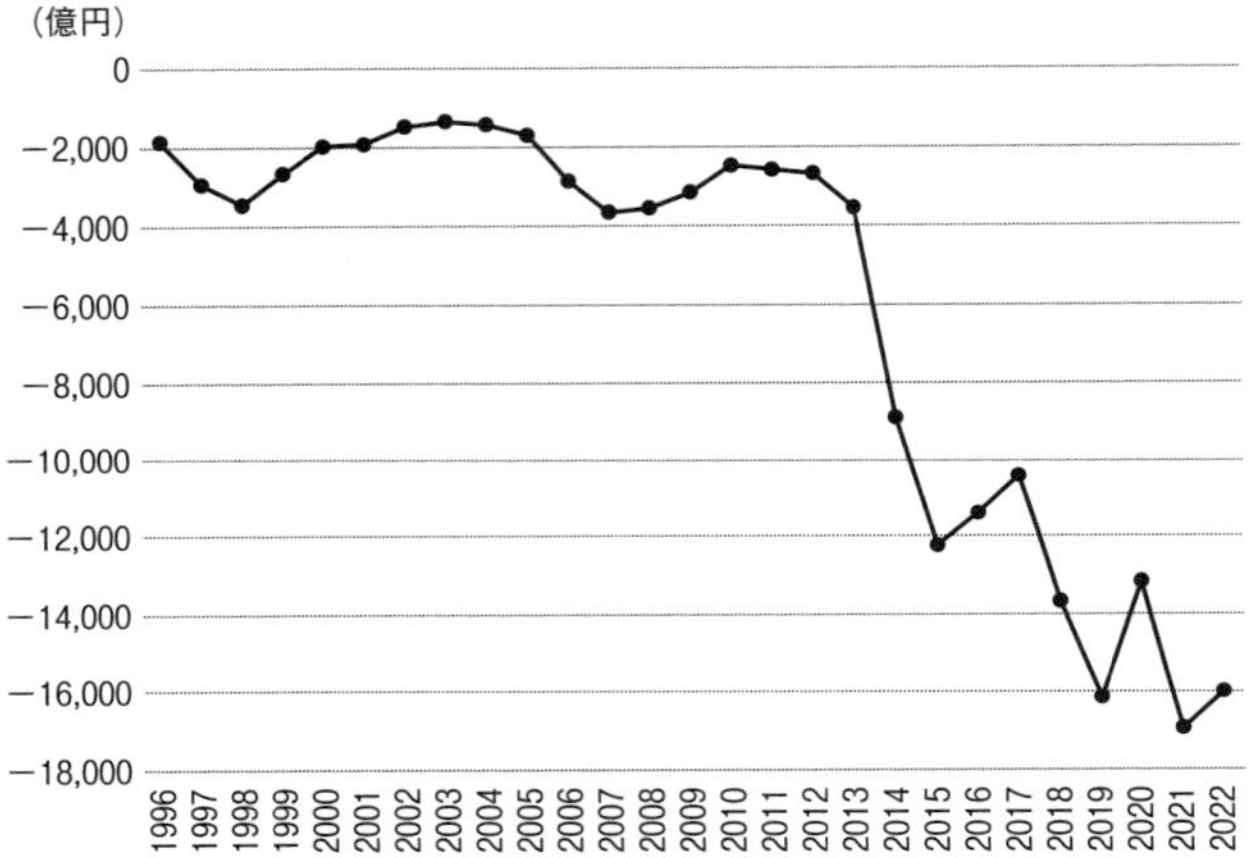

図４－１　国際収支（通信・コンピュータ・情報サービス）の推移
出所　財務省「国際収支統計」

この回答としては、①既存のシステムを大きく変えずに利用した、②従来の仕事をあまり変えないようにカスタマイズしたシステムを導入した、③導入の際にシステムに対応する人材の教育を行った、④配置転換を行った、という四つの選択肢を用意し、それぞれについて「はい」か「いいえ」で答えてもらった。

回答数は一五〇社程度と多くはないが、そのうちの過半数が①②について「はい」と答えている。これは、たとえＩＣＴ設備やシステムを導入したとしても、組織のシステムについては手を付けていない企業が多いことを意味している。また③については九割以上の企業が、人材教育を伴うＩＣＴ導入を行っていない。これは、組織変革や人材教育を伴わないＩＣＴ投資、つまり本当の意味でのデジタル化を志向しないＩＣＴ投資が、日本では当たり前とされていたのである。

しかしながらコロナ禍という全国民を襲う負のショックを通して、国民はデジタル化の遅れのために必要な情報が素早く手に入らず、給付金などの政策にも十分な対応ができないことを痛感した。このため二〇二一年九月にはデジタル庁が発足し、マイナンバー（個人番号）を様々な情報手段と連関させる動きも進んでいる。

もっとも、デジタル化の有用性についての認識は形成されてきたものの、民間を中心とした日本のデジタル化がどこまで進んでいて、先進国とのギャップを埋めるためには、どのような部分を強化していけばよいのか、その長期的な方向性について、広く社会の合意が形成されているとは言い難い。

こうした背景には、デジタル化によって新たに創出されたサービスの規模をどのように測るのかという計測の問題や、そのサービスの把握を前提としたデジタル化の経済効果の分析が、現実のデジタル化の進展に十分追い付いていないという問題がある。そこで本章では、このデジタル化の進展に関する計測の課題と、その課題を踏まえながら現時点でデジタル化の経済効果をどのように計測していけばよいかという点を中心に議論を進めていきたい。

†日本のデジタル化の国際的評価

これまでの議論は、日本のデジタル化が遅れているということを前提に進めてきたが、国際的に見て本当に遅れているのだろうか。この国際比較においてよく引用されるのが、IMD（国際経営開発研究所）が毎年公表している「世界競争力ランキング」だ。

この指標は様々な統計データや独自の調査に基づいて作成されているが、特にデジタル化関連の指標を集めて順位付けしたものに、「デジタル競争力ランキング」というものがある。日本はこのランキングで毎年順位を落としており、二〇一九年の二三位から二〇二三年には三二位となっている。順位付けの対象となっている国は六四カ国なので、ちょうど中間に位置しているといえよう。

上位は、一位米国、二位オランダ、三位シンガポールとなっている。アジアで日本より上位に位置している国及び地域は、韓国（六位）、台湾（九位）、香港（一〇位）、アラブ首長国連邦（UAE、一二位）、イスラエル（一三位）、中国（一九位）、カタール（二九位）、サウジアラビア（三〇位）である。逆にG7で日本より下位にあるのはイタリア（四三位）のみとなっている。

このデジタル競争力は、能力、技術、将来性という三つの大きな要素の順位から構成さ

	デジタル競争力ランキング（IMD）（2023年）	世界電子政府ランキング（国際連合）（2022年）	世界デジタル政府ランキング（早稲田大学）（2023年）	デジタル潜在力ランキング（日本経済研究センター）（2021年）	生産性評価要因の国際比較（IT・デジタル化）（〔公財〕日本生産性本部）（2023年）
日本の順位 調査対象国数	32位 64カ国	14位 193カ国	11位 66カ国	16位 84カ国	19位 46カ国

表４－２　日本のデジタル化のランキング

れている。能力に関してみると、日本は、教育水準は高いものの、海外経験がある人材が少ないことやデジタルスキルが低い点が、日本の順位を低くしている。技術については、高等教育を修了した人間の比率は高いものの、人材育成の比率や政府の教育への支出の低さが低い順位に結び付いている。将来性に関しては、日本の研究開発（R&D）支出の低さや女性研究者の少なさが問題となっているが、国際的に見て大きく後れを取っているわけではない。

一般的にはＩＭＤの指標が注目されるが、デジタル化に関してはこの他にも多くのランキングが存在する。表４－２は、このランキングを整理したものである。日本経済研究センターや日本生産性本部のランキングは、その国の経済全体の指標の中でデジタル化に関する指標を集めたものだが、国際連合や早稲田大学の指標は政府や自治体のデジタル化に焦点を当てている。それでもこれらの四つの機関による日本の順位は、いずれも一〇位台とＩＭＤの順位よりははるかに高い。

これには先に述べた日本の初期のＩＣＴ化の戦略が関わっている。

つまり一九九〇年代からのＩＣＴ革命の際に日本が注力したのは、通信設備のハード面での充実であった。実はＩＭＤの指標では、こうしたハード面の評価が相対的に小さいのに対し、他の四つの指標ではこのハード面に関連する指標（インターネット加入者数割合など）の順位に関するウェイトの高さが日本のデジタル化の総合的順位を引き上げているのである。

このように様々な調査を並べてみると、絶対的順位に関しては調査項目や調査対象となった国の数に影響されることがわかる。ただ共通していることは、近年日本の順位が低下傾向を辿っていること、デジタルのハード面では世界的にも遜色ないが、ソフト面とそれを支える人材や資金の面で、諸外国に大きく後れをとっていることである。

†生産面からの比較

先ほど示したデジタル化の順位はわかりやすいが、デジタルの分野は、技術革新が速いことと、その技術革新に伴う新たなサービスが次々と現れるため、公式統計が追い付かないという問題を常に抱えている。したがって、必ずしも各国の統計データが統一した基準で調査されているとは限らない。そこで、ここでは比較対象は限定されるが、共通の手順によって統計が作成されている国々におけるデジタル化を比較する。

まずデジタル産業の規模を、内閣府経済社会総合研究所（二〇二二）及び長谷川（二〇二三）にしたがって見てみよう。内閣府経済社会総合研究所は、現在のGDP統計の改訂を見据えて、OECDの提案に沿って、デジタル産業の推計に取り組んでいる。

デジタル産業の規模を知るためには、デジタル産業、デジタルに関連する財の分類、取引形態をきちんと定義しなくてはならない。まずデジタル産業というのは、①デジタル基盤産業、②デジタル仲介プラットフォーム産業、③データ・広告駆動型デジタルプラットフォーム産業、④仲介プラットフォーム依存企業、⑤E-テイラー、⑥デジタル専業・保険サービス、⑦その他のデジタル専業生産者で構成されている。

①は電子部品、通信機器、電子計算機の製造、電信・電話サービス、情報サービス業を含んでいる。②にはシェアリング・エコノミーにサービスを提供するUberなどのマッチングプラットフォーム、オークションサイトなどが含まれる。③に含まれるのは、ソーシャルメディアプラットフォーム、検索エンジン、無料通話アプリなどである。④は、財・サービス需要の大半が仲介プラットフォームを経由している企業を指している。

こうした仲介プラットフォームを経由している売り上げが五〇％未満の企業は、これに含まれないが、飲食業や宿泊業は、いずれ伝統的な業種区分から④の区分へと移行していく可能性がある。⑤は、注文の大部分をデジタルで受け、財またはサービスの購入及び再販売に従事する小売業者と卸売り業者である。アマゾンはこの分類に属するだろう。⑥は、デジタルツールのみで取引を行う金融・保険サービス業を指している。そして最後の⑦は、①から⑥に属さないが、デジタルツールのみで営業を行っているすべての企業を包括した分類である。

次に、こうしたデジタル産業が生み出す財・サービスの取引を把握するためにデジタルSUTを作成しなくてはならない。SUTというのは、産業間の財・サービスの取引額を一つの表にまとめたものと理解していただきたい。このデジタルSUTで扱われる生産物分類は、①デジタル生産物（国民経済計算の範囲内）、②デジタル化によって影響を受ける非デジタル生産物、③非デジタル生産物、④デジタル生産物だが国民経済計算の境界外とされるものに分類される。

①はコンピュータ機器、通信機器などのICT財、クラウド・サービスやデジタル仲介サービスを除いたデジタル・サービス、クラウドコンピューティングサービス、デジタル仲介サービスなどを含んでいる。②はデジタル化によって大きく影響を受けるサービスなどで、これには陸上輸送、宿泊、飲食、出版などが含まれる。④は、データ及び企業が無償で提供するデジタル・サービスといった従来の国民経済計算の枠組みに含まれないサービスを対象としている（Brynjolfsson et al 2019, Coyle and Nakamura 2022 も参照）

以上の分類を整えた上で、内閣府は二〇一五年と二〇一八年のデジタルSUTを推計している。表4－3はその結果だが、デジタル産業の総計は、二〇一五年で三九・一兆円、二〇一八年で四一・四兆円となっており、それぞれGDPの七・四％、七・六％を占める。デジタル基盤産業のうち製造業は八・六兆円だが、これはJIPデータベースで見ると、細かい分類の組み換えはあるだろうが、その他電子部品・デバイス、民生用電子・電気機器、電子応用装置・電気計測器、通信機器、電子計算機・同付属機器の合計とほぼ同じ（二〇一八年で八・七兆円）である。またサービス業でもJIPデータベースの通信業と情報サービス業を足した金額（二二・三兆円）がほぼデジタル基盤産業・サービス業に相当すると考えられる。

	2015年	2018年
デジタル基盤産業・製造業	9.2	8.6
デジタル基盤産業・サービス業	21.8	22.0
仲介プラットフォームに依存する企業	6.1	8.5
デジタル仲介プラットフォーム	1.2	1.4
E・テイラー	0.4	0.6
デジタル専業金融・保険業	0.3	0.4
合計	39.1	41.4

表4－3　デジタル産業の付加価値額　（単位：兆円）
出所　内閣府経済社会総合研究所（2022）

また内閣府では、この推計を各国統計局の同様の推計と比較している。それによると、同じOECDのガイドラインに沿ったカナダにおけるデジタル産業はGDP比五・五％（二〇一九年）、少し産業範囲の異なる米国ではGDP比九・六％（二〇一九年）、米国と同じ方法で推計したオーストラリアでは、GDP比五・九％（二〇一七－一八～二〇一九－二〇年度）となっている（内閣府二〇二二）。

†投資面から見たデジタル化

デジタル化を把握する上で、生産規模と同時に重要な指標は、投資または資本蓄積に関する指標である。デジタル関連の資本が重要である理由は、その資本が通常の資本のように所有者の生産にだけ寄与するのではなく、ネットワークを通じて取引相手の生産性や収益の向上に寄与するなどの外部性を有するからである。もし自社が他社とネットワークを通して取引のための事務を行えば、面倒な書類のやりとりは減り、空いた時間をより生産的な仕事に振り向けることができるため、自社だけでなく他社にとっても有効な時間利用ができるのである。

通常ICT投資は、情報機器と通信機器、そしてソフトウェアで構成される。前二者はハードウェアであり、コンピュータや地域間や組織内の通信網構築のための設備などが含まれる。図4-2は、この間のICT投資の投資全体に対する比率の推移を主要先進国間で比較したものである。

これを見ると、どの国も二〇〇〇年から二〇一〇年まではICT投資の比率が大きく上昇しているが、二〇一〇年代に入ってからは、米国を除いてその上昇が鈍っている。特に日本は二〇一〇年代に入ってICT投資が全く頭打ちになっている。ICT投資以外の投

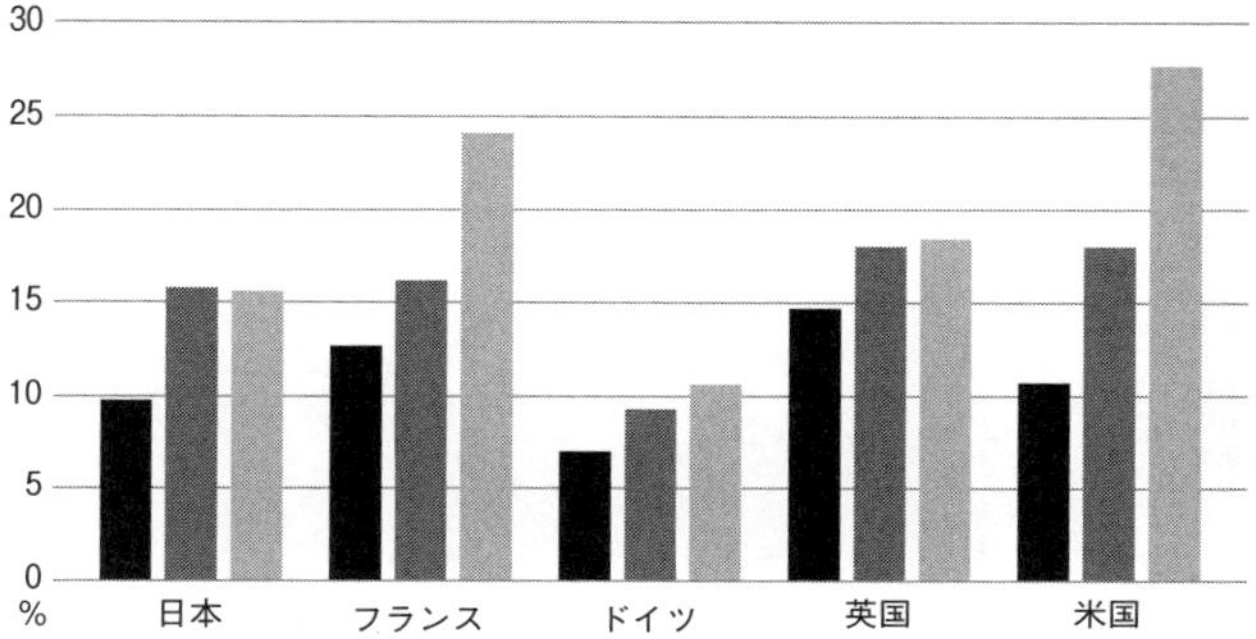

図４－２　ICT 投資シェアの国際比較　■ 2000　■ 2010　■ 2020
出所　JIP データベース　2023、EUKLEMS/INTANProd 2023 release

資が増加している場合には、こうした現象もありうるが、日本の場合二〇一〇年代の設備投資は全般的に低迷していたため、ＩＣＴ投資もまた量的に増加しなかった。

ソフトウェアの利用方法の変化

ただ、二〇一〇年代に入ってからの投資の低迷を、そのままデジタル化の低迷と受け取るには留保が必要である。それは最近になってソフトウェアの利用形態が大きく変化してきたからである。ソフトウェアの投資という場合は、典型的には金融機関の勘定システムのようなものを指し、企業は自社にとって固有のシステムを長期間使用するための対価を一度に支払う。しかし汎用性が高く技術変化によって短期間にヴァージョン・アップが進むソフトウェアの場合は、それを購入し長期間利用するというやり方では、技術進歩から取り残されてしまい、他企業との取引がスムーズに進まなくなる可能性がある。

このため、ソフトウェアを購入するよりも定期的に料金を支払ってソフトウェアを利用するという形態が増えている。これは期限を決めてコンピュータなどを利用するリース契約に似ている。様々なデータの管理を委託するクラウド・サービスや、コロナ禍で需要が増加したオンライン・ミーティング・サービスもこの種のサービスに位置づけられるだろう。

サンプル数は少ないが、宮川努・滝澤美帆・宮川大介は、従来のICT投資だけでなく、クラウド・サービスやAIサービスへの支出がどれくらいになるかの調査を行っている（宮川他二〇二〇）。それによると、クラウドへの支出の対売上高比（〇・一二％）は、ハードのIT支出の売上高比（〇・一七％）とほぼ肩を並べるまでになっている（表4－4）。

	ハードのIT機器への支出	ソフトウェア支出	AI	クラウド
平均値	0.17%	0.47%	0.03%	0.12%
中位値	0.09%	0.11%	0.00%	0.01%
最大値	1.65%	29.34%	0.82%	2.32%
最小値	0	0	0	0
観測数	133	134	72	92

表4－4　デジタル関連支出の内訳（売上高比）
出所　宮川・滝澤・宮川（2020）

宮川（二〇二四）は、この費用化されたソフトウェアの利用を投資とみなした場合の、マクロ的な金額を推定している。推計の結果は、最大で現在のソフトウェア投資額と同じとなり、最小ではソフトウェア投資額の二割に達している。ただ日本はこうした分野で米国に圧倒的に後れをとっている。したがってこうしたソフトウェアの利用方法が進むと、図4－1でみたように、情報サービス関連の国際収支赤字が増えることになる。ソフトウェアの利用方法が変化することはやむをえないとしても、日本としてはそれによってこれまで以上に高い付加価値を生み出していく必要がある。

†ICT投資と生産性

序章で述べたように、投資は生産性を向上させ、賃金の上昇を容易にする。この考え方は、ICT投資にもあてはまるのだろうか。図4－3は、日本と欧米先進国に関してICT資本の伸び率と労働生産性上昇率の関係を見たものである。これを見ると、ICT資本の増加率と労働生産性上昇率はほぼ相関しており、ICT投資が活発な国ほど生産性が高いという結果となっている。この図から厳密な因果関係を述べることはできないが、日本の場合はやはりICT投資の伸びの低さに象徴されるデジタル化の遅れが、生産性の伸びの低さと関連していると言えよう。

それでは、先ほど述べたソフトウェアの利用方法の変化は、こうしたICT投資と生産性の関係に影響を与えるだろうか。宮川（二〇二四）では、毎期使用料を支払っているソ

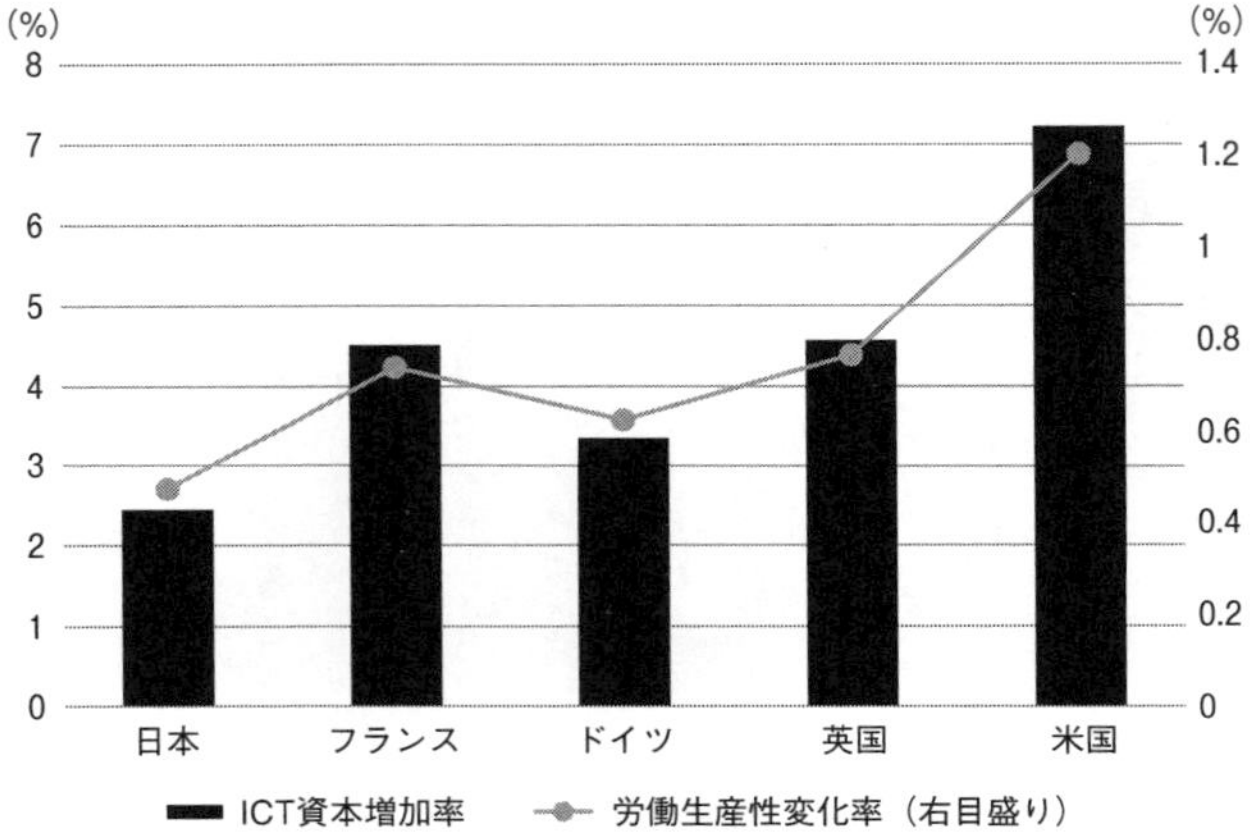

図4－3　ICT資本増加率と労働生産性変化率（2000–2019）
出所　内閣府「国民経済計算」及びEUKLEMS/INTANProd Database 2023 release

フトウェアを投資と同じように考えた場合、その分付加価値が増加するので生産性が向上することになるが、その増加分はそれほど大きくないという試算を公表している。ただ、他の欧米諸国では、こうしたソフトウェアの利用は日本以上に進んでいると考えられるので、日本と同じような試算をした場合、日本との生産性格差は広がる可能性がある。

†ICT設備の価格は国際的に均等か？

もっとも、ICT投資を国際比較する場合、一つ留意しなくてはならないことがある。それはデジタル製品やサービスに関する価格の動向である。図4－4は、EUKLEMS/INTANProdデータベースの二〇

(1) 情報機器

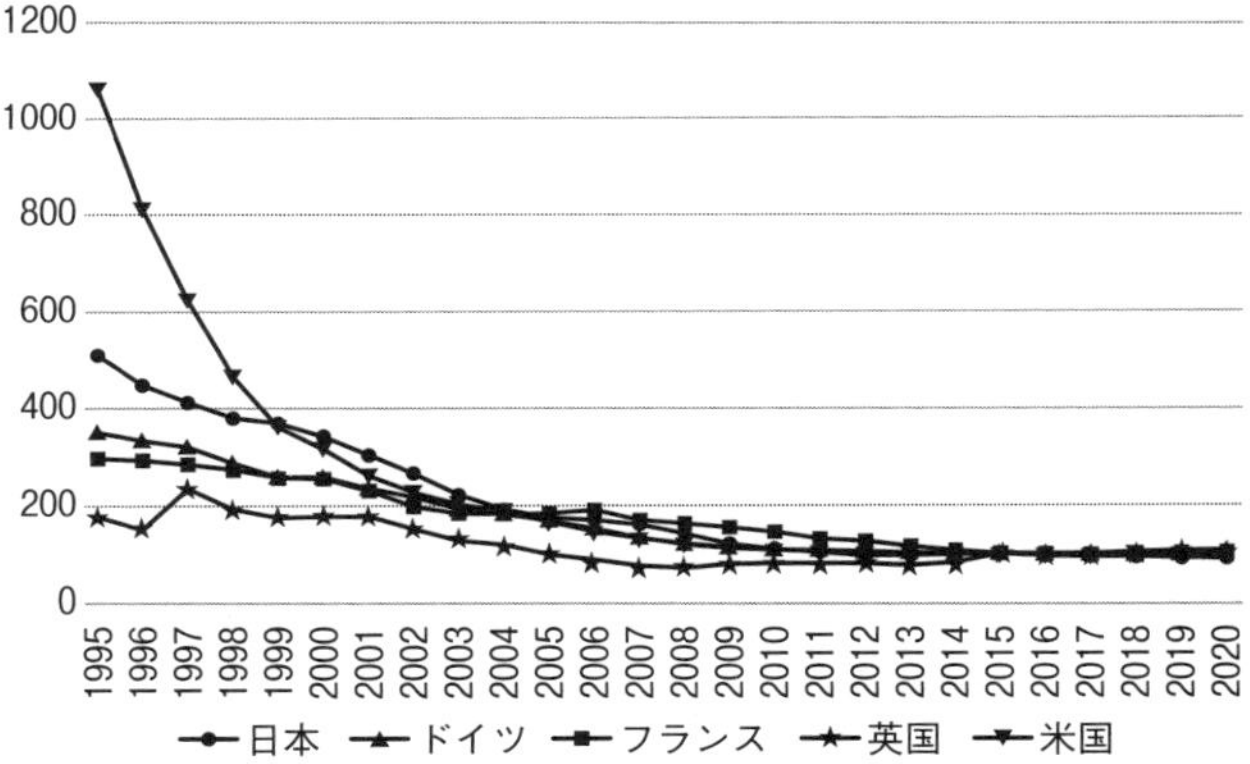

(2) 通信機器

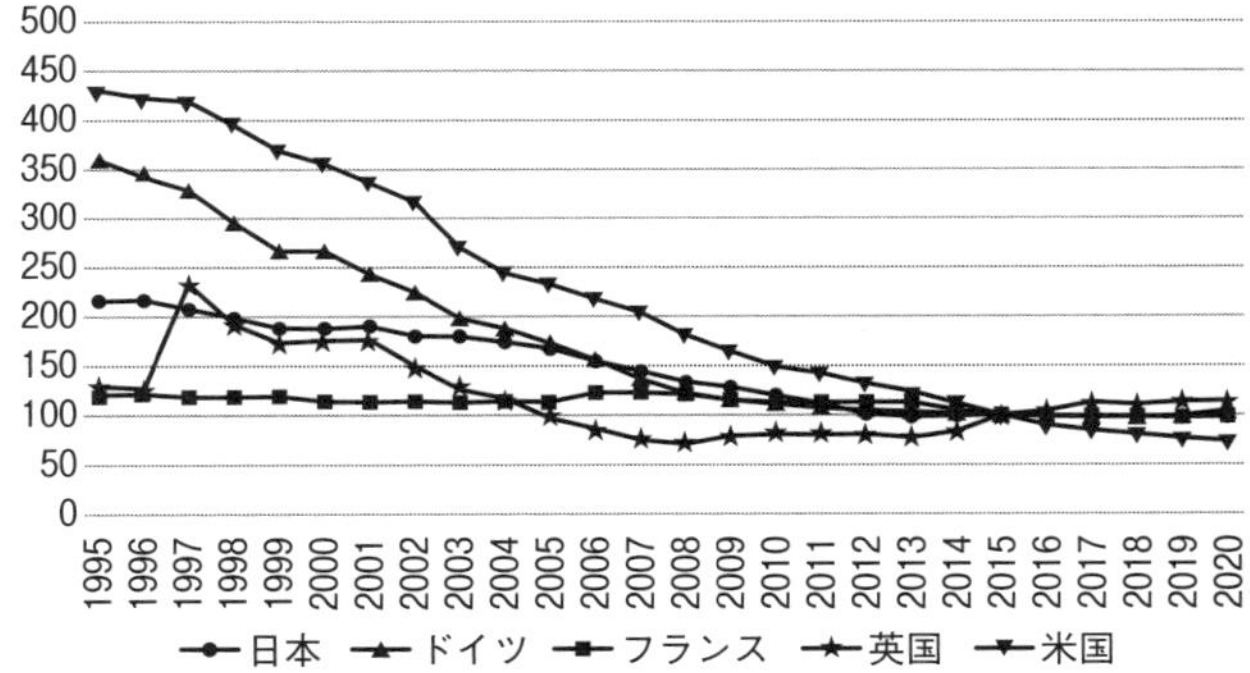

図 4 - 4　情報通信機器の価格変化

出所　JIP データベース2023及び EUKLEMS/INTANProd Database 2023

二三年公表ヴァージョンから、情報機器と通信機器の価格の動きを国際比較したものである。

各国とも二〇一五年を一〇〇として指数化している。情報機器における米国の価格低下は、一九九五年から二〇二〇年にかけて年率九・三％減少と欧州主要国の二倍、または日本の一・五倍程度のスピードで低下している。通信機器も米国の価格低下は、他の先進諸国よりも速いスピードで低下している。

本来、素早く国境を越えて取引されるデジタル製品やデジタル・サービスの場合、国際的な一物一価（同一の製品またはサービスには同じ価格が世界中でつくこと。例えば為替レートで米ドルに変換したマクドナルドのハンバーガーが世界中で同一価格になると想定している）が成立してもよいはずである。ところが、ICT革命以降のデジタル製品の価格は、必ずしも同じ動きをしているわけではない。もし、国際的な一物一価が成立し日本の情報機器や通信機器の価格が米国並みに低下していれば、日本の設備投資量ひいては生産性の上昇率は、現行よりも上方に修正されるはずである。

この考え方を国際比較に応用すると、米国は日本よりデジタル産業における新陳代謝が激しいため、製品価格の低下も日本より大きいということもできる。さらに、為替レートの動向も価格に影響する。日本のように円安傾向が続く場合は、国際的な価格の低下傾向を円安が一部相殺している可能性もある。

こうしたデジタル関連価格の動きに関して、ハーバード大学フィリッペ・アギーオン教授らは、現行の価格統計が既存企業の製品やサービスの価格動向に依拠しており、デジタル産業のように新陳代謝が激しく、革新的でより安価なサービスを提供できる企業の提供価格を把握できていないため、価格指数に上方バイアスがあり、実質GDP成長率が結果的に低く算出されるのではないかと指摘している（Aghion et al, 2019）。

†なぜ日本ではデジタル化が進まないのか？

これまで、デジタル化、ICT化に関わる数々の指標によって、日本のデジタル化に関する国際的な位置づけを行ってきた。まとめると、ハード面では日本のICT化は世界の上位にあるが、それを効率的に利用する能力やシステムの面では国際的に劣位にあるということになる。言い換えれば、量的な意味でのICT化がある程度進んだとしても、それを活かすソフトの面まで含めたデジタル化が進展しなければ、生産性も上昇せず、ビジネス面での国際競争力も低下していくことになる。

それでは、日本でデジタル化が進まない要因は何だろうか。これは二〇〇〇年代から幾度となく問われてきたが、ここでは先ほどクラウドやAIへの支出で紹介した「生産性向

6. 海外市場に適した製品投入の迅速化	7. 新市場の売上向上	8. 既存市場の売上向上	9. 投資収益率（ROI）の向上	10. 新規顧客の開拓	11. 既存顧客の満足度の向上
2.0%	12.4%	21.8%	7.4%	25.2%	31.7%
1.5%	6.0%	13.7%	4.4%	12.2%	24.7%

17. 他社との協働・連携の促進	18. 異業種間の交流の活発化	19. 一人当たりの作業能率の向上	20. 従業員の意欲や満足度の向上	21. 社内の情報活用や情報交流の活発化
20.8%	4.0%	59.4%	23.3%	68.3%
14.3%	1.8%	55.0%	11.7%	52.4%

上につながるITと人材に関する調査」（以下二〇一九年調査と呼ぶ）からそのヒントを探る。この調査は、二〇一九年一月から三月に実施され、ICT投資、ICTの利活用、ICT人材の育成などについて、二八一社から回答を得ている。この調査からICT化と経営戦略・経営管理について見ていくことにする。

まず情報化担当役員（CIO）の設置状況については、一〇年前に国際IT財団が実施した「IT活用に対する企業調査」（以下二〇一四年調査と呼ぶ）では、何らかの形でCIOを設置している企業の割合は五六％に上った。しかし今回の調査では、この割合が四一％（有効回答数二四六社のうち一〇二社）まで減少している。特に製造業で

	1. 経営トップの意思決定の正確性や迅速性の向上	2. 組織構造の改善又は改革	3. 経営計画の立案と実行能力の向上	4. 海外企業との関係の強化	5. 海外子会社・現地法人・海外支店の開設
宮川・滝澤・宮川（2020）の調査結果	38.1%	15.8%	20.8%	8.9%	5.0%
国際IT財団の調査結果	31.1%	16.4%	17.4%	6.3%	4.1%
	12. 顧客の意見を吸い上げ、新しいビジネスを創り出す	13. 在庫の圧縮	14. 人員の削減	15. 業務プロセスや作業効率の改善	16. 商品企画力や顧客への提案力の向上
宮川・滝澤・宮川（2020）の調査結果	13.9%	18.8%	11.9%	69.8%	20.3%
国際IT財団の調査結果	5.4%	25.0%	28.8%	73.3%	10.1%

表4－5　ICT利活用の目的
出所　宮川・滝澤・宮川（2020）
注　数値はIT利活用の目的に「はい」と答えた企業の割合

は三分の二の企業がＣＩＯを設置していない。

次にＩＣＴ利活用の目的に関する質問を見てみよう。ここでは二一の選択肢を示しているが、この項目は二〇一四年調査と同じである。このため、二〇一四年におけるＩＣＴの利活用とその五年後におけるＩＣＴの利活用の考え方を比べることができる。二〇一四年調査では、「15．業務プロセスや作業効率の改善」や「19．一人当たりの作業効率の向上」が多数を占めたが、二〇一九年調査でもその傾向は変わらず、これらの効果があったとする回答は、それぞれ七〇％、五九％と回答企業の過半数が肯定的な評価をしている（表4－5）。

しかし、新市場や既存市場での売上向上

や、投資収益率の向上など、付加価値の上昇を伴う効果については、二〇一四年調査に比べて肯定的な回答こそ増えているものの、依然として大多数の企業にとって関心がない事項となっている。ICTが前向きな経営戦略に活用されていないという回答は、ICTによって新たに生み出された業務がないとする回答が実に八三%に上るという結果と整合的である。

なお、本項目に付随する設問としてAIの利活用について同様の質問をしている。この質問に対しても、有効回答数が大幅に減少しているという点に注意が必要ではあるものの、選択肢15番や19番のコスト削減や作業効率の向上を目的とした利活用が多く選択されている。

表4－5からは、ICT設備を単にコスト削減のためにだけ利用している日本企業の姿が伺える。もちろんデジタル化はコスト削減を伴うが、それ以上に意思決定を効率化することで、変化の速いビジネス環境に対応した迅速な業務の執行や、新製品開発を実現することを通して収益向上につなげる方が主目的である。

しかし二〇一九年の調査では、意思決定の集中化や分散化、組織のフラット化を実現している企業はほとんど存在せず、九割以上の企業が従来型の意思決定方式を踏襲していることから、本来の意味でのデジタル化が実現されていない実態が浮かび上がる。

	1. 経営トップが意思決定できない	2. 自社のニーズを踏まえた効果的な戦略立案ができない	3. 社内での協力が得られない	4. 事業部門で情報化投資を進めてしまうため、全社的な効果が得られない	5. コストの割には、適切な投資効果が得られない	6.ICT専門人材が不足している	7. 事業部門のニーズをまとめ、IT部門とコミュニケーションができる人材が不足している	8. 適切なアウトソース先が見つからない	9. その他	10. 課題は特にない
本調査	9.4%	26.9%	11.4%	13.9%	34.7%	66.5%	41.2%	11.8%	2.4%	12.7%
国際IT財団の調査	9.4%	26.3%	14.5%	11.1%	35.3%	65.0%	53.5%	7.0%	3.1%	6.7%

表4－6　ICTの利活用にとって障害となる要因
出所　宮川・滝澤・宮川（2020）
注　数値は各問いに「はい」と答えた企業の割合

このように、ＩＣＴの導入と意思決定に関する改革が結びついていないことの背景には、ＩＣＴの導入が必ずしも仕事の仕方に関する変化を伴っていないという実態があると考えられる。実際に、二〇一九年の調査ではＩＣＴを導入した際のシステム変更について質問しているが、自社で導入した場合もアウトソーシングで導入した場合も、従来のシステムを変更していないと答えた企業が多い。ただ、この回答は業種によって異なり、製造業は五八％の企業がシステム変更を全く行っていないが、非製造業はこの割合は四五％に留まっている点には注意が必要である。

こうした姿勢では、ＩＣＴ導入の際にシステムを自社業務のスタイルに合わせてカスタマイズするために余計にコストがかかり、コスト削減の効果も薄くなる。また、そうしたシステム変更に消極的な姿勢を反映してか、ＩＣＴを導入した際に対応した人材教育を行っていると答えた企業は全体の七％に過ぎない。この比率の低さがＩＣＴ導入の方法や業種に依存してないという点も注目に値する。

なぜＩＣＴ設備の導入が、業務スタイルの見直しや効率化につながらないのか？　二〇一四年調査も二〇一九年調査もＩＣＴの利活用に際して障害となる要因について尋ねている（表４－６）。一〇の質問項目の中で最も多い回答は、「６．ＩＣＴ専門人材が不足している」で製造業・非製造業合わせて全体の三分の二を占めている。同様の回答は、二〇一四年調査でも最も多く、「はい」と答えた企業の割合も六五％に上った。

一方で、二〇一四年調査では五三・五％が「はい」と答えた選択肢「７．事業部門のニーズをまとめ、ＩＣＴ部門とのコミュニケーションができる人材が不足している」については、二〇一九年調査では四一％に減少している点が興味深い。しかし、二〇一四年調査で第三位、第四位であった「５．コストの割には適切な投資効果が得られない」「２．自社のニーズを踏まえた効果的な戦略立案ができない」に関する回答は、順位も同じで、かつ「はい」と答えた回答の割合もほぼ同じであることから（前者が三五％台、後者が二六％台）、過去数年間にわたって企業がＩＣＴ利活用に関して同じ課題を抱え続けていることがわかる。

†テレワークの進展

このアンケート調査は、新型コロナウイルスの感染拡大前の日本企業のデジタル化への対応を訊ねたものだった。しかし新型コロナウイルスの感染拡大によって、日本人はデジタル化の遅れを痛感する。特にファックスしか使えず、正確な状況を把握するにも時間を要する政府部門に対しては失望の声が相次いだ。また書類への押印のために出社しなくてはならないという、前時代的な仕事の仕方にも批判が集まった。

一方で、二〇二〇年四月からの緊急事態宣言を皮切りに行動制限が続くと、経済活動と感染対策の両立を図るためにテレワークが奨励された。新型コロナウイルス感染拡大前にも、デジタル化と働き方の改革を組み合わせたテレワークはある程度進展していた。しかし新型コロナウイルスの感染拡大による行動制限により、テレワークは経済社会の変化に任せて進展するというよりも、危機時の業務継続の手段として欠かせない働き方へと変化した。

日本生産性本部は、一回目の緊急事態宣言中の二〇二〇年五月から「働く人の意識調査」を開始し、同年七月からは三カ月ごとに調査を続けている（https://www.jpc-net.jp/research/search.html#select_sort）。この調査は、二〇歳以上の労働者一一〇〇人を対象とし

	第１回 （2020年５月）	第５回 （2021年４月）	第９回 （2022年４月）	第13回 （2023年７月）
時差出勤	16.3	16.5	12.9	11.9
短時間勤務	15.4	12.8	12.5	12.2
一時帰休	7.9	3.6	3.3	2.6
自宅での勤務	29.0	16.5	17.2	12.8
サテライトオフィス等での勤務	3.5	3.0	2.9	2.9
モバイルワーク	1.7	1.9	2.9	2.0
その他	3.2	0.5	−	−
特にない	46.3	61.5	62.3	67.3

表４−７　働き方の実施状況　（単位：％）
出所　（公財）日本生産性本部「働く人の意識調査」

ており、テレワークだけでなく、新型コロナウイルスの感染拡大が始まって以降の生活や雇用環境の変化について多くの質問をしている。

表４−７は柔軟な働き方の実施状況について、第一回（二〇二〇年五月）の調査から第一三回（二〇二三年七月）の調査までの結果をまとめたものである。この中でテレワークとして位置付けられるのは、「自宅での勤務」「サテライトオフィス等での勤務」「モバイルワーク」である。この合計を辿ると、最初の緊急事態宣言の直後はこの比率が三〇％を超えたが、この緊急事態宣言解除後は、二〇％程度まで低下している。その後二度目以降の緊急事態宣言発出後も、この比率は特に変化しなかった。二〇二二年三月にまん延防止等重点措置が解除された後の二〇二二年四月の調査でも、大きな比率の低下は見られなかった。

しかし、二〇二三年五月に、新型コロナウイルスの感染症としての分類が二類相当から五類へと変更され、インフルエ

自宅勤務の効率性	2020年5月調査	2021年4月調査	2022年4月調査	2023年7月調査
上がった やや上がった やや下がった 効率は下がった	7.2 26.6 41.4 24.8	15.5 43.6 32.6 8.3	17.5 42.9 31.2 8.5	22.7 48.9 24.1 4.3
テレワークの障害要因	2020年5月調査	2021年4月調査	2022年4月調査	2023年7月調査
web会議などテレワーク用ツールの使い勝手の改善	32.1	19.6	20.5	25.3
職場に行かないと閲覧できない資料・データのネット上の共有化	48.8	29.9	27.3	27.1
営業・取引先との連絡・意思疎通をネットでできるような環境整備	20.5	15.2	9.5	11.2

表4－8　テレワークの変化　（単位：％）
出所　（公財）日本生産性本部「働く人の意識調査」

ンザなどと同じ扱いになってからは、テレワークの比率は大きく低下し、同年七月には「自宅での勤務」の比率は一二・八％にまで低下している。

一橋大学の森川正之特任教授は、緊急事態宣言が発出された当初のテレワークの効率性の低さが解消され、仕事の効率が上がるようになったと述べているが（森川二〇二三）、日本生産性本部の調査でも、テレワークの効率が上昇したという回答の比率は、調査を重ねるごとに増える一方で、効率が下がったという回答の比率は低下している（表4－8）。

このため、コロナ収束後もテレワークを行いたいかという質問に対し、そう思うという答えは、二〇二〇年五月調査の

	2020年７月調査	2021年４月調査	2022年４月調査	2023年７月調査
仕事の成果が評価されるか不安	27.9	28.9	27.3	31.2
業務報告がわずらわしい	27.5	23.2	19.1	21.2
仕事振りが評価されるかどうか不安	19.4	28.4	21.4	25.9
オフィス勤務者との評価の公正性	27.9	23.7	21.4	25.3
上司・先輩から指導を受けられない	14.9	19.0	17.7	17.6
孤独感や疎外感	15.8	21.3	17.3	14.1
勤務時間管理が働き方にそぐわない	13.5	11.4	13.2	15.3
健康維持や勤務中の事故が心配	14.0	12.8	14.1	12.9
特に課題は感じていない	23.0	20.9	27.7	27.6

表４－９　テレワークを選択した中で感じる労務管理上の課題　（単位：％）
出所　（公財）日本生産性本部「働く人の意識調査」

二一・三％から二〇二二年四月調査では、三一・五％へと増加していた。こうしたことを考え合わせると、コロナ禍では、仕事の効率性にかかわらず多くの仕事を遠隔で行っていたが、行動規制が弱まるにつれ、テレワークを行っても効率性が維持できるような業務にしぼって実施していると考えられる。

このようなテレワークが今後も進展するための課題は三つある。これを表４－８と表４－９のデータを中心に見ていこう。表４－８は、テレワークのための物理的環境や情報サービスの環境整備をまとめたものである。これは二〇二〇年五月調査から二〇二三年七月調査までに一〇％程度減少しているが、それでもまだ三〇％近くの人がこれらを課題としている。

それに対して、表4－9は人事評価である。テレワークが進めば、仕事のプロセスの評価割合が減り、より結果が重視される成果主義に近づく。「働く人の意識調査」では、オフィスに出社している人との評価が公平になされているかなどの不安は常に二〇％を超えており、公平な人事評価のための改革が必要とされている。

最後は、健康維持に関する点である。「健康維持や勤務中の事故が心配」という項目に対する答えは、最初の緊急事態宣言が発出された中での二〇二〇年五月には一四％を記録していた。この回答割合はその後も一〇％台前半を続けている。

これは、テレワークの常態化によって、健康面での懸念が払拭されないことを示している。一般的には前向きな働き方として捉えられるテレワークだが、今後これを推進する際には、健康面への配慮もする必要があるだろう。そしてこうした新しい働き方のデメリットを薄める方向に力を尽くすのが、デジタル化時代の労働組合の方向性ではないだろうか。

†公的分野でのデジタル化を

コロナ禍が日本にもたらした大きな変化は、少子化の加速と、人手不足の深刻化である。

かつてデジタル化は合理化の一手段として捉えられ、急速にデジタル化を進めると失業者が増えると懸念された。しかし、いまそのような議論でデジタル化に対する反論を述べたところで一笑に付されるだろう。それにもかかわらず、日本ではコロナ禍が明けると、対面での従来型の業務を復活させながら、人手不足を嘆くという矛盾に満ちた議論が横行している。

もちろんデジタル化は、各企業や産業の生産性向上に寄与する。しかし筆者の研究によれば、必ずしも個々の企業のデジタル化を補助金などでサポートする必要はない。むしろ公務、医療、社会保障など多くの人々が利用する業種にしぼって集中的にデジタル化を進めることの方が、より効果的だという結果が出ている(宮川二〇二四)。公的な分野は誰もが利用する可能性が高いサービスを提供しているため、ネットワーク外部性が高く、デジタル化の効果が発揮されやすいという意味で、この結果は当然とも言える。

例えば、マイナンバーが普及すれば、感染症や地震といった広範な災害に見舞われた人々に対して、迅速にかつその人の生活水準に応じて補助が行える。先進国ならば当たり前のことだが、マイナンバーが普及していない日本ではこれが実現できず、一律一〇万円支給といったような、もともと脆弱な財政にさらに負担をかける政策を実施せざるを得なくなった。

このようなデジタル化が進展していない中で、人手不足にもかかわらず、きめ細やかな対応が必要と批判するのは、ないものねだりに等しい。また最近では観光業でも、外国人観光客の急増に伴い日本人と外国人との間に差別価格を設ける案が浮上している。マイナンバーカードは、こうした価格の差別化を効率的に行う手段としても有用だろう。

デジタル化が一層必要になるのは、政府だけではない。医療、社会保障、交通などの準公共的な分野でも、デジタル化の進展が望まれる。しかしこうした公的な産業分野ほど公共性を盾にして、従来型の業務からの脱却を拒み、人手不足の解消だけを訴えている。こうした分野で一定数のエッセンシャル・ワーカーが必要なことは理解できるが、公共性を盾に自分たちの産業だけが都合が良ければよいという姿勢を転換し、広く公共のためにどのようなデジタル化がよいかを考えるべきだろう。現在でもリモートでの受付、予約や診療など、改善できる分野はたくさんある。政府はこうした公的分野のデジタル化を規制改革と合わせながら、集中的に取り組むべきだろう。

第4章のポイント

◎ソフト面での遅れが顕著な日本のデジタル化は、ビジネス面だけでなく、安全・安心面での進化にとっても必要である。

◎労働力不足への対応や災害対応などで、公的分野を中心としたデジタル化が必要。

◎デジタル化の進展を計測することは難しいが、クラウドやAIなど新たなデジタルサービスの把握に努める必要がある。

第5章　人材投資の復権

†なぜいま人材育成なのか？

　第4章で述べたデジタル投資と合わせて議論されているのが、人材への投資である。前章で見たように、デジタル投資は、ハードの投資に対してソフトウェア投資の比率が高く、優秀な人材をいかに集められるかにかかっている。

　もともと日本は人材育成を重視していた。第二次世界大戦によって物的な生産設備のほとんどを失った日本にとって、戦後は技術知識を持つ人材だけが資産と呼べるような状況だった。そして、その技術知識は高度成長期の様々な局面で活用されることになる。例えば敗戦によって航空機の製造を禁じられた日本は、その技術を新幹線車両の開発に応用した。

　人材を重視して発展してきた日本が、なぜ最近になって再びその育成を議論しなくてはならないのだろうか。この背景には二つの理由が考えられる。一つは、長らく続いた少子化が、二〇一〇年代に入って人手不足にまで波及してきたことが挙げられる。企業の人材教育は、新たな労働力にとって魅力的な職場であることをアピールする手段の一つとなっている。また中途採用者も増えたため、導入教育の必要性も高まっている。

もう一つは、一九九〇年代の金融危機により、「日本的経営」の柱の一つであり、他国の企業と際立った違いを見せていた雇用形態が変質したからである。小宮隆太郎《こみやりゅうたろう》が述べたように、「終身雇用」「年功序列賃金」「新卒一括採用」などといった特徴は、戦後日本の大企業を中心に発展してきた雇用慣行である（小宮一九八八）。また、青木昌彦らが比較制度論を使って看破したように、この雇用慣行は単独で成立していたのではなく、相対型の金融制度や株式の持ち合いなど、他の日本的な制度的特徴と補完的な関係にあった（青木他一九九六）。

しかしながら、一九九〇年代後半に日本版金融危機が起きると同時に、株式の持ち合いは徐々に解消され、リスクの低い資金を長期的に提供するシステムも崩壊することにより、金融側から日本的経営を支える構造は変質した。日本的経営の柱の一本を欠いた日本企業は、雇用面でもリストラを行わざるを得なくなった。

問題は、こうしたリストラが欧米のような労働市場の全般的な流動化につながるのでは

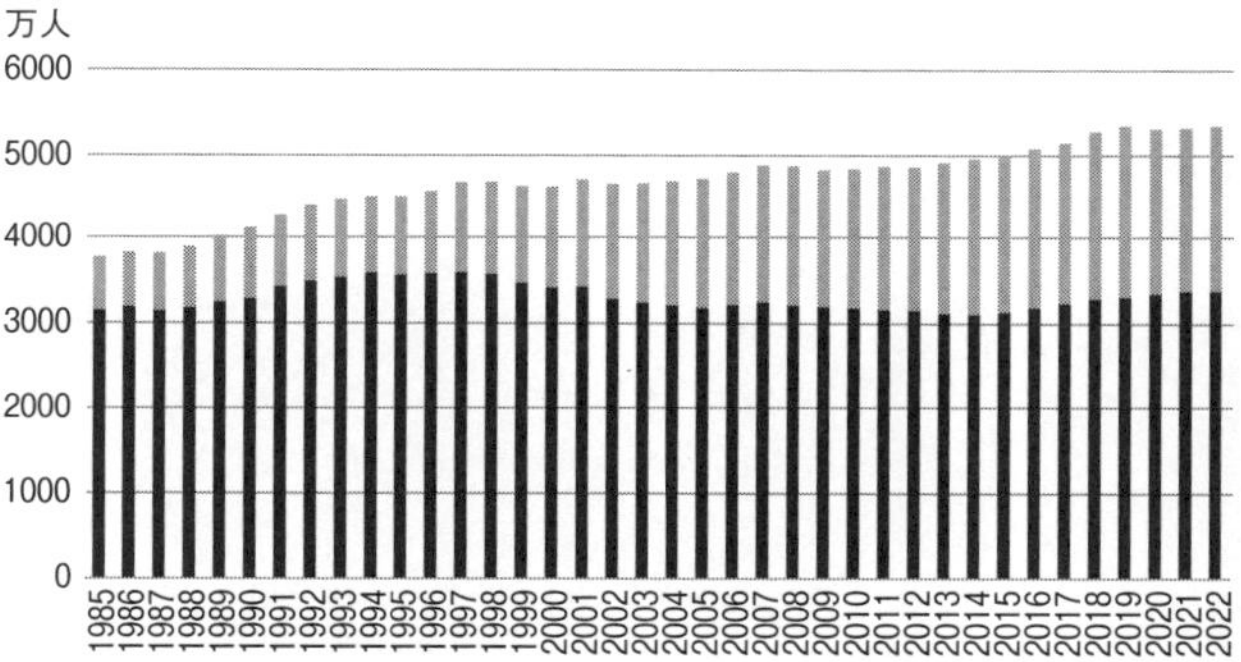

図5－1　正規・非正規労働者の推移　■正規雇用者　■非正規雇用者
出所　厚生労働省「労働力調査」

なく、従来の日本型雇用を踏襲する正規雇用と、流動化はするもののキャリアの上昇が限られている非正規雇用という中途半端な制度へと移行してしまったことだ（図5－1）。このことは、原ひろみによる職業能力開発の推移に関する考察でも述べられている（原二〇一四、第1章）。

日本版金融危機後の二〇〇〇年代では、こうした日本は正規雇用を中心とする日本型雇用と、流動化を前提とした非正規雇用のハイブリッドな雇用システムで、訓練費用を節約するとともに、スキルの向上を求めない非正規雇用の活用によって人件費を抑制することができた。

ただこうしたハイブリッドな雇用システムは、従来の日本的雇用を評価する労働経済学者からは、「日本企業低迷の一因」と指摘され、労働市場の流動化の推進を主張する経済学者からは、「不十分な流動化だ」と批判されたのである。

二〇一〇年代に入って、米国はサービス業の分野で、中国、韓国、台湾の企業は製造業の分野で国際競争力をつけ、次々と日本企業を凌駕《りょうが》していくと、こうした中途半端な雇用システムの限界が露呈し、日本の労働者全般の更なるスキル向上の必要性が認識されることになった。こうした経緯を見ると、日頃から経営者は「人(人材)が大切」と言いながらも、人材の育成に関しては、その時々の経営環境に翻弄されてきたことがわかる。

ただ日本の労働者のスキルが衰えた、またはデジタル化などの世界的潮流から取り残されたと言っても、訓練費用や研修時間を増やせば事足りるものではない。ここまで日本企業の国際競争力が低下し、そのことが日本経済の長期停滞に直結しているとすれば、その基礎となる人材の育成についても、単にデジタル化のために必要というだけでない、より広範な議論が必要だろう。こうした問題意識から、本章では日本的経営の基礎にあった労働経済学や人的資源管理論からの議論を紹介するとともに、マクロ、ミクロの両面から人材の価値の量的な把握や、アンケート調査を通した人材育成の課題についても考察していく。

†人的資本の概念

経済学（または経営学）では、一般的に「人材」は「人的資本（human capital）」と呼ばれている。「人的資本」という言葉は、もともと経済発展論の文脈から使われるようになったとされる。ノーベル経済学賞を受賞したアーサー・ルイスやセオドア・シュルツの著作や論文には、human capitalという用語が使われている。これは、開発途上国などが経済発展を進める段階で、単なる力仕事を行うような単純労働ではなく、文書を理解したり機械に精通したりした知識を要する人材が不可欠であるという考え方から編み出された用語である。この何がしかの知識を要する労働に関しては、仕事に使う知識（読解能力や機械の操作能力）というのは、急速に減少するものではなく、一定期間通用する。

この知識またはスキルの耐久性は、建物や機械などの物的資本と共通の特徴を有するため、「人的な資本」という名称がつけられた。この概念をより一般化して経済学に適用したのが、一九九二年にノーベル経済学賞を受賞したゲイリー・ベッカーである。彼が一九六四年に出版した『人的資本（Human Capital）』はこの分野の出発点となる著作である。

人的資本の形成は、二つの過程に大別される。一つは学校教育による人材育成、もう一つは企業内での人材育成である。当初、経済発展論が対象とした人的資本は、前者の人的資本である。読み書きの能力を修得する初等教育から始まり、高度な概念を駆使できるようになる高等教育までの過程で、人口のどれくらいがどの段階の教育課程を終えているかが、長期的な経済発展に影響を与えることになる。こうした人的資本を含む経済発展論は、一九八〇年代から発展した新しい経済成長論の中で、ロバート・ルーカスやスティーヴン・パレンテとエドワード・プレスコットらの著作によってより精緻化されている（Lucas, 1988. Parente and Prescott, 2002）。

一九九〇年代からは、教育による人的資本の蓄積が、実際の経済発展や経済成長率にどのような影響を及ぼすかに関する実証分析も進んだ。これは戦後の途上国援助が進み、この援助がどのような効果を持っているかを検証するために、開発途上国でもデータの整備が進んだからである。ジェス・ベンハビブ、マーク・シュピーゲルやロバート・バローは、それまでの理論的考察が示唆した通り、国民の教育水準の上昇による人的資本の蓄積が、経済成長率と正の相関性を有することを示した（Benhabib and Spiegel, 1994. Barro, 1997）。

また最近ではより詳細なミクロデータが整備されているので、そこから個人や家族の属性を考慮した上で、より科学的な手法で、本当に教育を受けた人が、その後の人生において労働によって得られた所得の総額を増やすような役割を果たしているのかということを、因果関係をよく踏まえて検証している。

もう一つは、学校教育課程を終えて、社会人になった後の人的資本形成である。この段階での人的資本形成には、社会人が自らの意思で技能を身につける方法もあるが、中心は企業内訓練を通した方法である。

　ゲイリー・ベッカーは、自らの人的資本論の中で、先に述べた学校教育による人的資本形成よりも、この企業内の人的資本形成を先に論じている。企業内の人的資本形成を重視する姿勢を見て、日本との類似性を感じ取る向きも多いと思われるが、ベッカーが『人的資本』を公刊した一九六〇年代の米国では、あらゆる産業分野で先進国のトップに立ち、むしろ日本が戦後復興の過程で技能形成も含めて様々な生産過程を米国に学んでいたことがその背景にある（東畑一九五七）。

　ベッカーは、その著作において、企業内で教えられる技能は、すべて企業特殊的なものであると述べている。その理由は明快で、もし企業内で他の企業にも通用する一般的な技能を教えれば、その労働者が他の企業に移動した際に、自らが負担した研修費用が他企業を利することになるからである。そうした非合理的な選択を企業がするはずがないというのがベッカーの考え方である。この考え方は、長らく長期雇用を前提とした日本の企業内教育の理論的背景としても用いられていた。

　本章はこの二種類の人材形成のうち、後者の、企業における人材形成に焦点を当てる。これには二つの理由がある。一つ目は、日本の学校教育もそれなりの問題を抱えているが、その問題を扱うことは、単なる経済の生産過程における人材育成の問題にとどまらないため、本章の範囲をはるかに超えてしまうからである。

二つ目は、人材育成と経済成長との関係を議論する場合、学校教育の効果に関する計測上の課題は、すでに一九六〇年代に解決され、実証分析に利用されている。すなわち、エドワード・デニソンやデール・ジョルゲンソンとズヴィ・グリリカスらは、学歴別の賃金が、教育による労働の質を反映していると考え、それを労働投入量の計測へと適用し、経済成長への寄与を計算した（Denison, 1967. Jorgenson and Griliches, 1967）。

この手法は、経済成長率を、労働投入及び資本投入、そして広範囲の技術進歩率（全要素生産性、TFPと呼ばれている）に分解する成長会計に適用されている。日本でもJIPデータベースが、厚生労働省の『賃金構造基本調査』の学歴別賃金を利用して、労働投入量の質を推計している。

図5-2では、JIPデータベース二〇二三年版における労働の質の変化を示している。これによると、教育による労働者の質の向上は、二〇一〇年代半ばまで常にプラスであった。これは高学歴層の労働者のシェアが増加して、単純な労働時間で換算した労働投入量のマイナス分を抑制していたことを示している。しかしながらこうした効果は二〇一〇年代後半には逆転し、むしろ教育による労働の質の寄与はマイナスに転じている。これは、恐らくアベノミクスに入ってから、高学歴者の比率が比較的低い高齢者層が労働市場に参

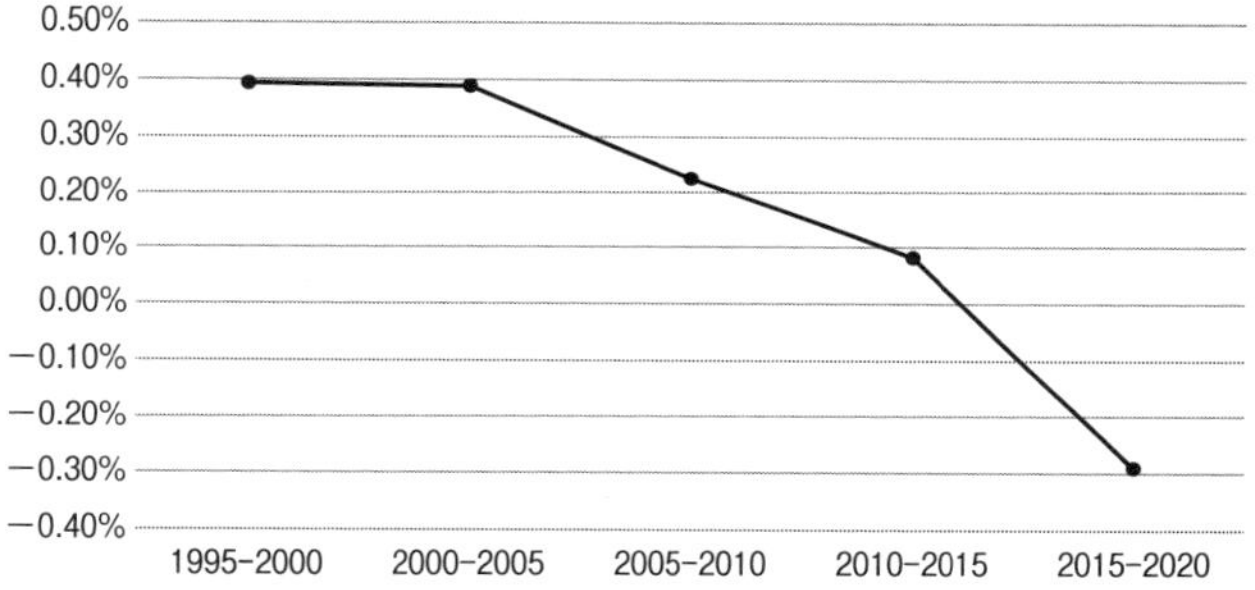

図５－２　労働の質の変化率
出所　JIP データベース2023

入したためと考えられる。

このように、経済成長との関係においては、教育課程を考慮した人材形成について比較的分析が進んでいる一方で、企業内の人材形成については、概念的にも様々な見方があり、かつ実証面でも進行中の部分が多い。したがって以下では、企業内の人材形成に焦点を当てて議論を進めていくことにする。

†マクロレベルの人材育成投資の動向

企業内の人材育成も、さらに二種類に分けることができる。一つは生産過程の中で教育訓練を行うＯＪＴ(On the Job Training)であり、もう一つは生産過程から切り離して教育訓練を行うＯｆｆ－ＪＴ(Off the Job Training)である。この両者を推計したのが、『平成30年版　経済財政白書』である。

内閣府が実施した「働き方・教育訓練等に関する企

業の意識調査」は、ＯＪＴとＯｆｆ－ＪＴの時間を調べている。この調査からは、総労働時間の約一二％がＯＪＴ及びＯｆｆ－ＪＴに使われていることがわかる。この企業内訓練に費やされる時間に時間当たり賃金をかけて機会費用を計算し、これにＯｆｆ－ＪＴの直接費用を加えて計算された一人当たりの人的資本投資額は、年間二八万円となる。厚生労働省の「就労条件総合調査」による労働費用総額は、内閣府の調査に最も近い時期の二〇一五年で一人当たり年間約五〇〇万円なので、人的資本投資が労働費用に占める割合は五・六％に相当する。このうち日本は、前者の人材育成に力点を置いてきた。

一方、後者のＯｆｆ－ＪＴに焦点を当てているのは、ＪＩＰデータベースにおける人材育成投資の計測である。まず図５－３は、マクロレベルの人材育成投資額（名目）を製造業とサービス業に分割して、一九九五年から表示したものである。全体の人材育成額は、一九九八年をピークに金融危機の影響から一旦減少した後、二〇〇〇年代半ばには再び増加している。

しかしながら世界金融危機の時期に大きく減少し、その後二〇一〇年代はほとんど増加していない。二〇一〇年代の人材育成投資は、前半は一・五兆円から一・六兆円あたりで推移していたが、後半は徐々に低下し、新型コロナウイルスの感染が拡大した二〇二〇年、二〇二一年には一・二兆円と、一九九〇年代半ばや二〇〇〇年代半ばの半分くらいまでに

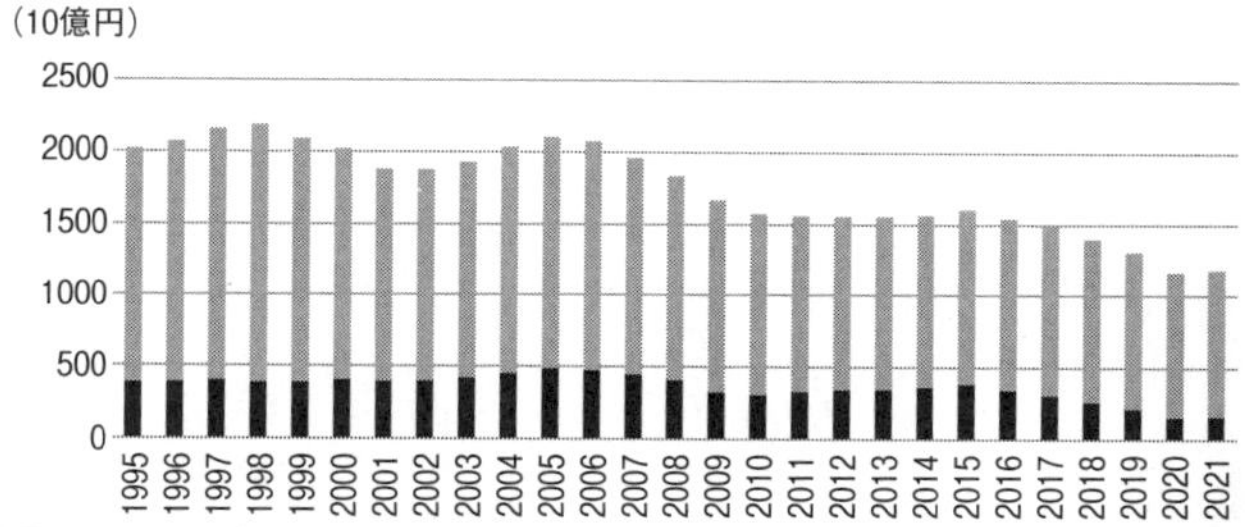

図5-3　日本の訓練投資の推移

出所　JIPデータベース2023

低下している。

これを製造業とサービス業に分けてみると、製造業の人材育成額は、一九九五年からしばらくは四〇〇〇億円前後を推移していたが、二〇一〇年代後半から低下し始め、二〇二〇年、二〇二一年には一五〇〇億円から一六〇〇億円まで低下している。またサービス業も一九九五年に一・七兆円あった人材育成額が、二〇二一年には一兆円まで減少している。経済全体の人材投資額の動きは、シェアの大きいサービス業の人材投資額の動きに左右されると考えられるが、サービス業では非正規雇用が大きく増加している。この形態の労働者は、多額の研修費を必要としないことから、こうしたサービス業における雇用状況の変化は、人材育成投資の減少につながっていると考えられる。

人材に限らず、生産や生産性に影響するのは、投資によって蓄積された資本ストックである。その一部は、老朽化や使用年数が嵩むにつれて生産能力が衰える。人材を人的資本と考える場合も同様で、欧米のデータベースでは一年間に四〇%が減耗すると考えられている。

日本でもこの減耗率を利用して、人材（人的資本）のストックを計算したものが図5－4である。これを見ると、一九九五年には約一一兆円あった人材ストックは、二〇二一年には三分の一以下の二・六兆円へと減少している。製造業は一九九五年には二兆円あった人材ストックが四分の一の五〇〇〇億円へと減少し、サービス業も一九九五年に八・八兆円あった人材ストックが二〇二一年には二・六兆円となっている。このことは日本の人的資源がサステイナブルではなく、どんどん減価しているということを示している。

†人材投資の国際比較

それでは、日本の人材投資は国際的に見てどのように位置づけられるかを、ここでは、JIPデータベースと同じく欧米諸国の生産性を計測するために作成されたEUKLEMS/INTANProdデータベースを使って考察していこう。日本と海外の人的資本を比較する場合、通貨単位や経済規模が異なるために、単純な投資額での比較はできない。そこで図5－5では、名目の人的資本投資額を名目GDPで割った比率で比較している。ここでは、日本と五つの主要先進国（ドイツ、フランス、イタリア、英国、米国）の「人的資本投資額÷G

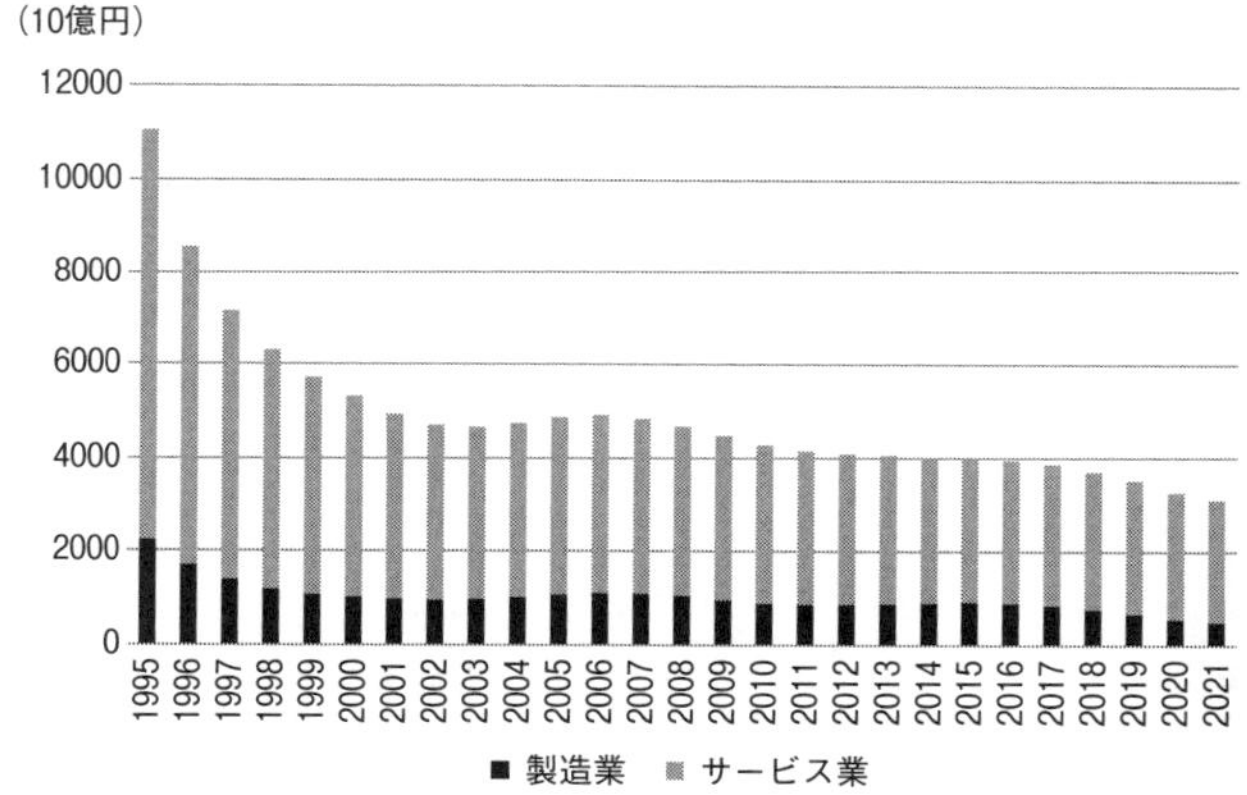

図５－４　日本の人材ストック（Off-JT の訓練費用の累積）の推移
出所　JIP データベース2023

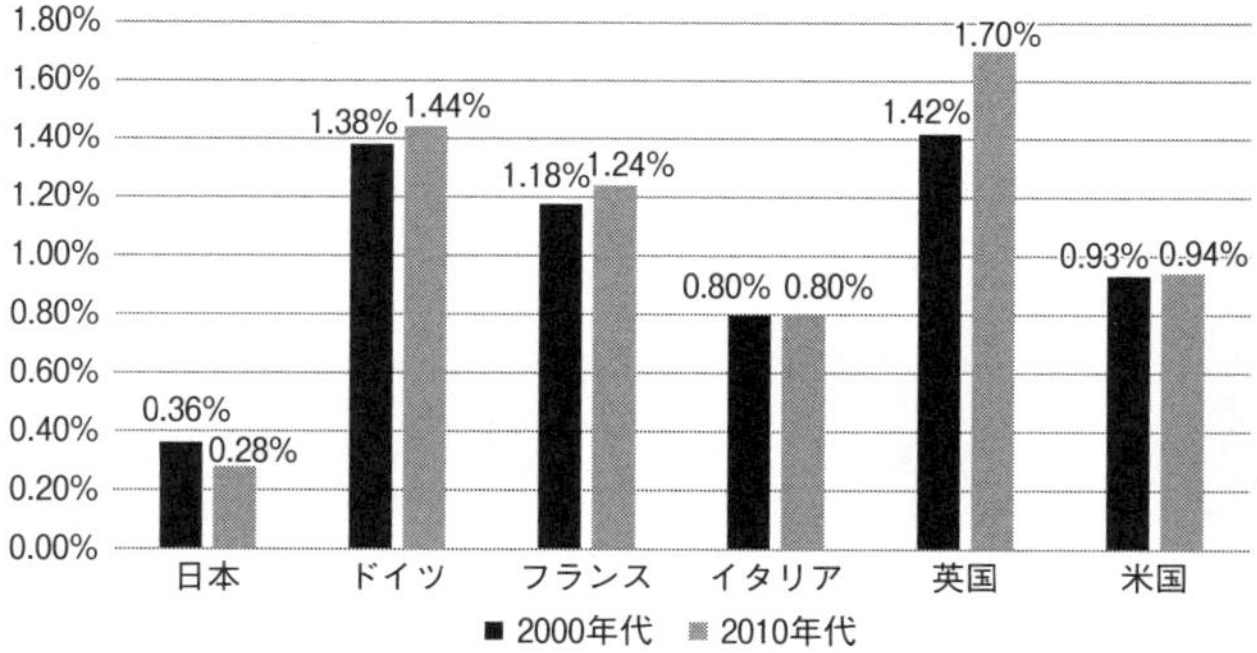

図５－５　人的資本投資（Off-JT）／GDP 比率の国際比較
出所　JIP データベース2023及び EUKLEMS/INTANProd 2023データベース

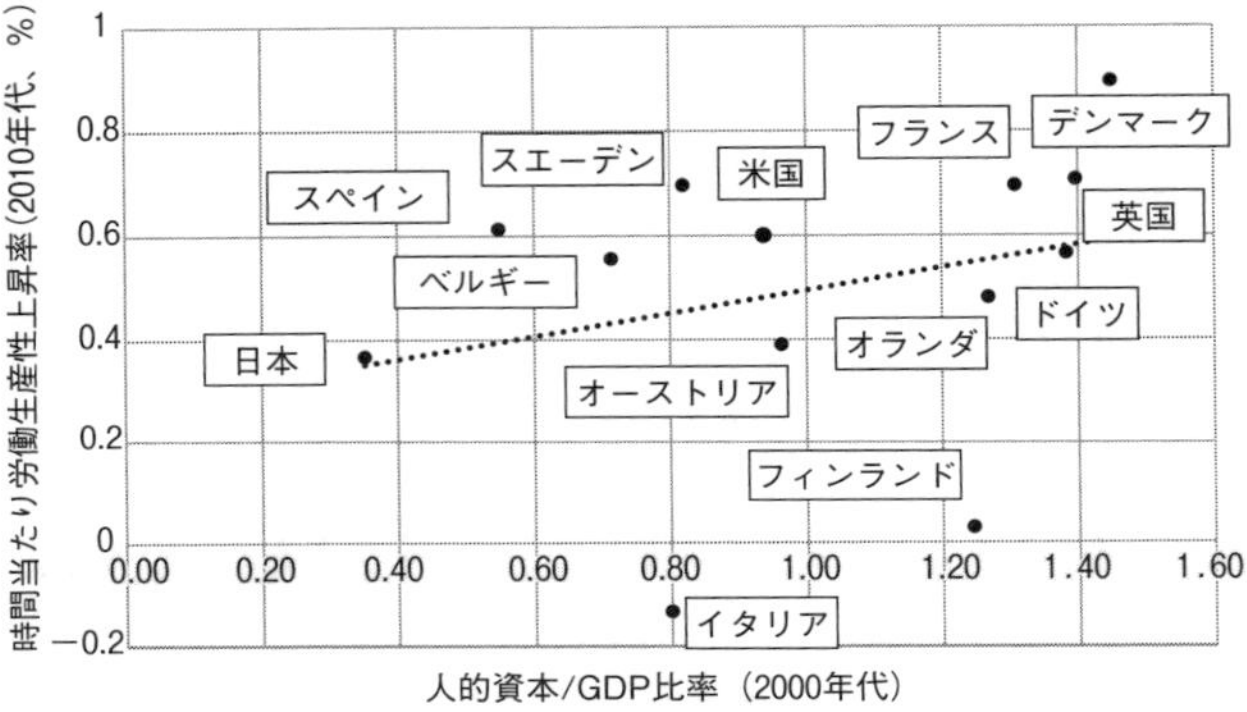

図5－6　人的資本投資額（2000年代）と労働生産性上昇率（2010年代）
出所　内閣府「国民経済計算」、JIP2023データベース、EUKLEMS/INTANProd 2023データベース

ＤＰ比率」を、二〇〇〇年代と二〇一〇年代で比較しているが、日本の比率の低さは際立っている。もちろん日本の場合、すでに見たように企業での訓練はＯＪＴが中心で、ここで計測されているＯｆｆ－ＪＴは脇役だった。

しかしながら、図５－６からわかるように、最新のＪＩＰデータベースとEUKLEMS/INTANProd データベース（https://euklems-intanprod-llee.luiss.it/）を使って、二〇〇〇年代の人的資本投資額が、その後の時間当たり労働生産性上昇率とどのような関係にあるかを調べると、日本、米国、西欧諸国の場合は緩やかながら正の相関性が見られる。

もちろん労働生産性の向上要因は、人的

資本投資だけではない。人的資本ストック以外の資本蓄積や研究開発投資、デジタル化の進展状況など様々な要因が考えられる。しかし、図5－6は人的資本投資、すなわち人材育成が生産性の向上にとって無視できない要因であることを示している。そして図5－5は、GDPの一%程度のOJT以外の訓練費用が、カナダ以外の欧米のG7諸国の標準であり、日本の水準はそれに及んでいないことを教えている。

†人材投資の補完効果

人材育成には、直接的に労働生産性を向上させる効果の他に、他の投資に対して補完的な役割を果たして間接的に労働生産性の向上に寄与する効果がある。そこで、表5－1では、情報化（ソフトウェア）投資や研究開発（R&D）投資の動きと、人的資本投資の動きに同調性があるかどうかを、やはり最新の無形資産データを使って調べてみた。

なお、ここに組織改革投資を付けたのは、デジタル化や新たなイノベーションを起こすためには、既存の組織の改変が必要で、そうした組織が一定期間機能するということは、そ

	研究開発投資	ソフトウエア投資	訓練投資	組織改革投資
日本	0.62	1.37	−2.42	−1.37
ドイツ	2.70	4.08	1.83	2.35
フランス	1.86	4.55	1.21	2.08
英国	1.29	3.86	4.51	4.05
米国	2.95	6.94	0.09	3.69

表5－1　投資間の連動性（2000－20年の実質平均伸び率）　（単位：%）

出所　内閣府「国民経済計算」、JIP2023データベース、EUKLEMS/INTANProd 2023データベース

注　英国だけは、2000－2019年までの実質平均伸び率

の改変された組織のために費やされた支出も投資としてみなすべきだと考えるからである。

表5-1における国際比較も、図5-5と同じく日本の特異性を際立たせている。一九九〇年代半ばから二〇一〇年代後半までの日本の情報化（ソフトウェア）投資や研究開発投資の伸び率は、欧米先進国に比べて見劣りするものの、プラスの伸びを続けていた。しかしながら、こうした投資をより実効性のあるものにすべき補完的な投資である人的資本投資や組織改革投資は、この二〇年余りマイナスを続けている。

一方、日本以外の欧米先進国は、情報化投資、研究開発投資に合わせて人材投資や組織改革投資もプラスで、新たな技術開発を人材や組織の面で補完する体制ができていると言える。その意味では、日本の場合デジタル化や研究開発を増やしても、それを補完する人材や組織の体制は貧弱化していたことがわかる。こうした点は、コロナ禍において我々が嫌というほど思い知らされた点である。

†コロナ禍で人材育成は変わったのか？

ここまでは、マクロレベルの統計から、日本の人材育成を先進国と比較しながら見てきた。確かに長期停滞の期間を通して、日本の人材育成力は収縮してきた。また、二〇一〇年代の後半から、多くの企業や様々な業界で人材不足が指摘されるようになってきた。コロナ禍を通して、働き方についても見直しが進み、新たな働き方のもとで人材を確保しようとする動きも見られる。

ここでは、雇用者に対して我々が実施した、企業内の人材育成に関する実態を把握するための調査（『人材育成に関する雇用者アンケート調査』）の結果から、コロナ禍におけるミクロレベルでの人材育成投資の変化を概観する。調査ではコロナ禍前後（二〇二〇年三月以前と四月以降）で、企業内でのＯＪＴ、Ｏｆｆ－ＪＴの実施時間がどのように変化したか、コロナ禍により配置転換が行われたか、配置転換先で業務に慣れるための訓練が行われたかも質問している。以下では、アンケート調査内容とその結果の概要を示すが、より詳細な内容を知りたい方は、宮川・滝澤（二〇二三）を参照されたい。

†コロナ禍前後のＯＪＴ、Ｏｆｆ－ＪＴの比較

この調査は、二〇二一年五月、一〇月、二〇二三年二月にインターネット調査で、正社員三九〇〇人、非正社員二一〇〇人に対して実施された。三回の調査の合計を見ると、総労働時間のうち、ＯＪＴにかかる時間の割合については、コロナ禍前後（二〇二〇年三月以前と四月以降）で、やや減少している。

正社員では、実施なしと回答した割合がコロナ禍前で六一・五％であったのが、コロナ

禍後は六三・〇％に、非正社員では、コロナ前七一・一％であったのが、コロナ禍後七四・二％と、雇用形態に関わらず、ＯＪＴはやや減少している。これはコロナにより在宅勤務が増えることで、ＯＪＴの機会が減少したためと考えられる。また、Ｏｆｆ－ＪＴも雇用形態にかかわらず、コロナ禍前と比較してコロナ後はやや減少している。

次に、ＯＪＴ、Ｏｆｆ－ＪＴの時間割合について、調査で回答を得た選択肢を下記のとおり数値変換し、各選択肢の属性別（例えば正社員・非正社員別）の回答割合を各回答数にかけあわせそれらを足し上げることで、属性別のコロナ禍前後のＯＪＴ、Ｏｆｆ－ＪＴの時間割合を算出した。

1：実施なし⇓〇％
2：一～五％未満⇓二・五％
3：五～一〇％未満⇓七・五％
4：一〇～一五％未満⇓一二・五％
5：一五～二〇％未満⇓一七・五％
6：二〇％以上⇓二二・五％

例えば、上記選択肢1～5について、二〇％ずつ回答があり、選択肢6の回答者がいなかった場合は、

0％×0.2＋2.5％×0.2＋7.5％×0.2＋12.5％×0.2＋17.5％×0.2＋22.5％×0＝8％

が、その属性のOJTあるいは、Off‐JTの時間割合である。正社員・非正社員については図5‐7の通り加重平均したOJT、Off‐JTの時間割合が計算される。コロナ禍前においては正社員、非正社員のOJTに費やす時間割合は四・三〇％、二・六九％、コロナ後は四・一七％、二・六〇％とそれほど減少していない。Off‐JTについては正社員で二・七〇％、非正社員で一・三八％であったのが二・五六％、一・二五％にやや減少している。

次に、産業別のOJT、Off‐JTの状況を見ると、コロナ前後で産業によりOJT、Off‐JTについて「実施なし」と回答する割合の変化が異なる。加重平均で算出した産業別のOJT、Off‐JTの時間割合は図5‐8に示す通りである。

図5‐8を見ると、全般的に製造業でのOJTの時間の低下が著しい。サービス業では、対面型サービスを基本としているため、コロナ禍で業況が大きく落ち込んだ飲食サービス

(1) OJT

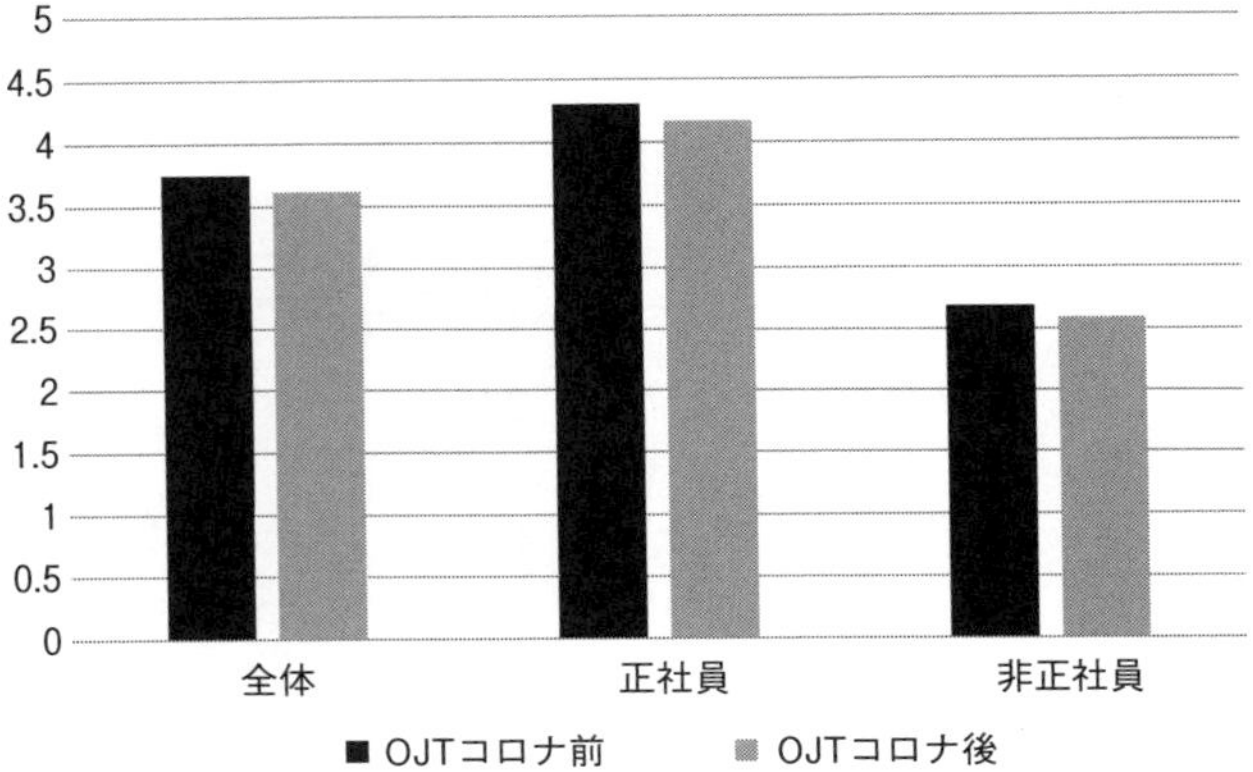

(2) Off-JT

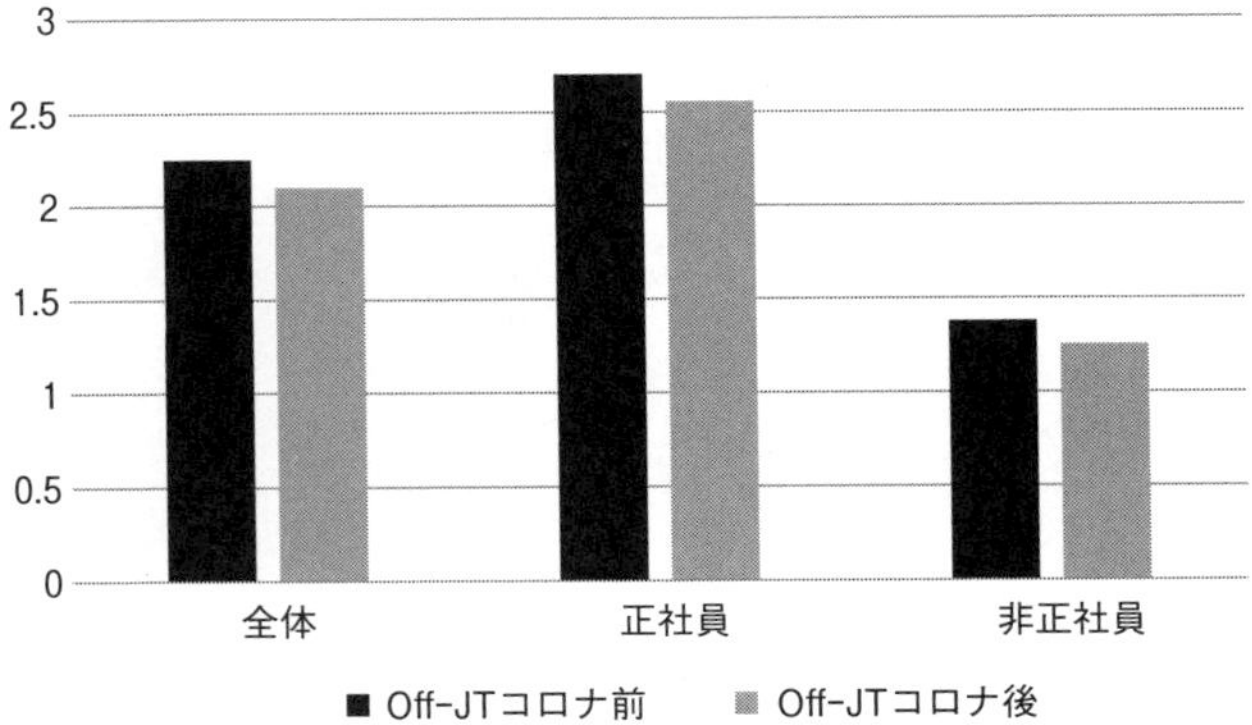

図5-7　コロナ前後における OJT 及び Off-JT の比較（単位：%）

業や娯楽業での時間割合が大きく低下している。一方で、同じサービス業でも生活関連サービスや医療・福祉などエッセンシャル・ワーカーを抱える産業では、OJTの時間比率は増えているか、あまり変化はない。

Off-JTについては、一部の製造業と保険業では育成の時間が減少しているが、その他の業種ではコロナ禍前後の変化は小さい。コロナ禍で逆に需要が増えた情報通信業では、コロナ禍後にOff-JTが増えている。こうした産業ごとにおける人材育成の時間割合がばらついている背景には、今回のコロナ禍が経済全体のショックというよりも、各産業に与える負の影響が異なるショックであったことがあると考えられる。

さらに、企業規模別のOJT、Off-JTの状況を見ると、規模が小さい企業ほどOJT、Off-JTについて「実施なし」と回答する割合が高い。一方で、コロナ前後の変化を見ると、全体的に、「実施なし」と回答する割合が増加している。そしてOJT、Off-JTともに、最も大きい規模である従業員五〇〇一人以上の規模で実施率が高い。加重平均で算出した規模別のOJT、Off-JTの時間割合は図5-9に示す通りである。OJTについては、コロナ前に最も規模が大きくなるほど育成時間の割合が多くなっているが、コロナ後は一〇〇一人から五〇〇〇人の規模でOJTの時間割が最も高くなっている。Off-JTについては、コロナ前もコロナ後も規模に応じて時間割合が増えて

(1) OJT

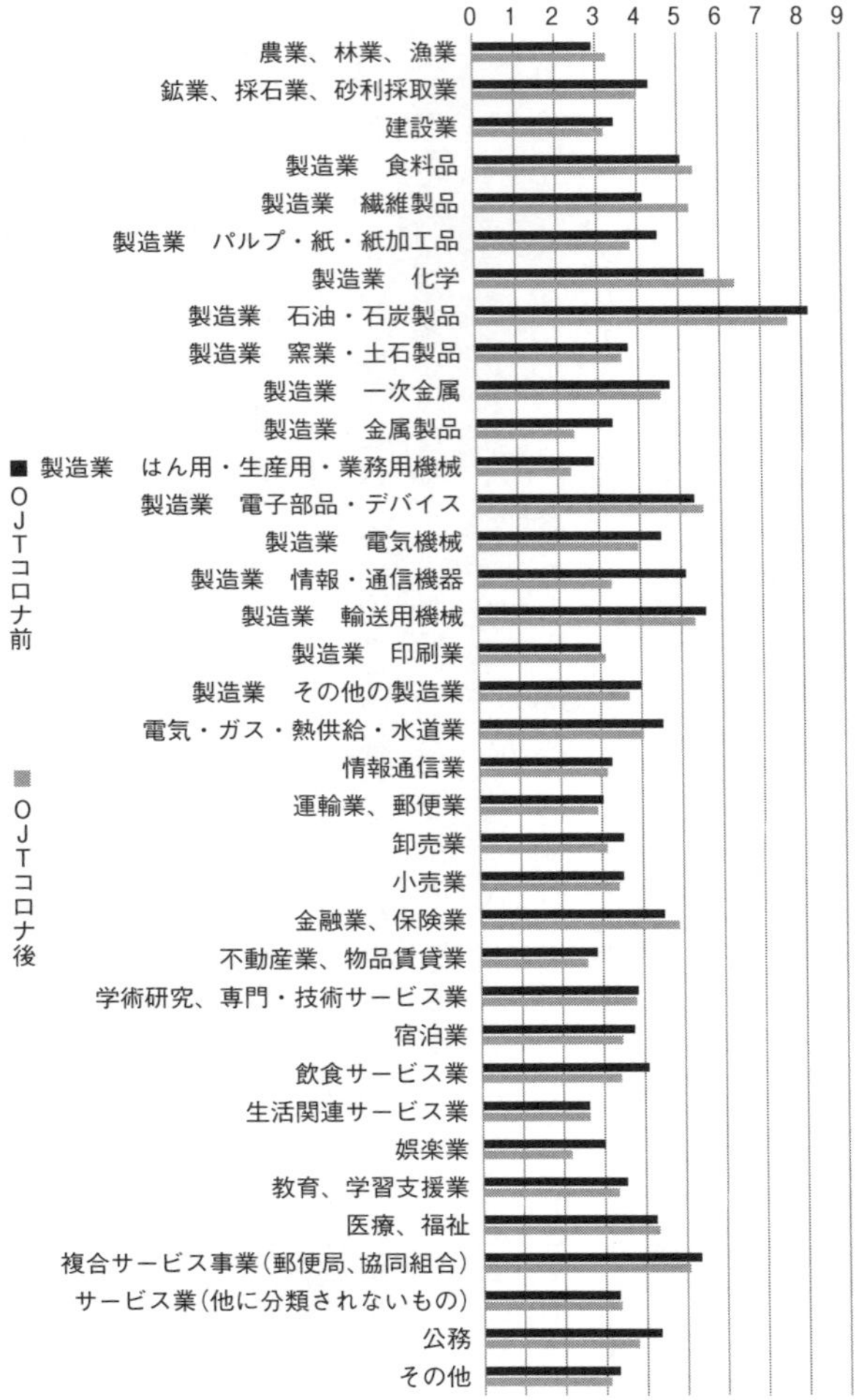
0
1
2
3
4
5
6
7
8
9
農業、林業、漁業
鉱業、採石業、砂利採取業
建設業
製造業　食料品
製造業　繊維製品
製造業　パルプ・紙・紙加工品
製造業　化学
製造業　石油・石炭製品
製造業　窯業・土石製品
製造業　一次金属
製造業　金属製品
製造業　はん用・生産用・業務用機械
製造業　電子部品・デバイス
製造業　電気機械
製造業　情報・通信機器
製造業　輸送用機械
製造業　印刷業
製造業　その他の製造業
電気・ガス・熱供給・水道業
情報通信業
運輸業、郵便業
卸売業
小売業
金融業、保険業
不動産業、物品賃貸業
学術研究、専門・技術サービス業
宿泊業
飲食サービス業
生活関連サービス業
娯楽業
教育、学習支援業
医療、福祉
複合サービス事業（郵便局、協同組合）
サービス業（他に分類されないもの）
公務
その他
■ OJTコロナ前
■ OJTコロナ後

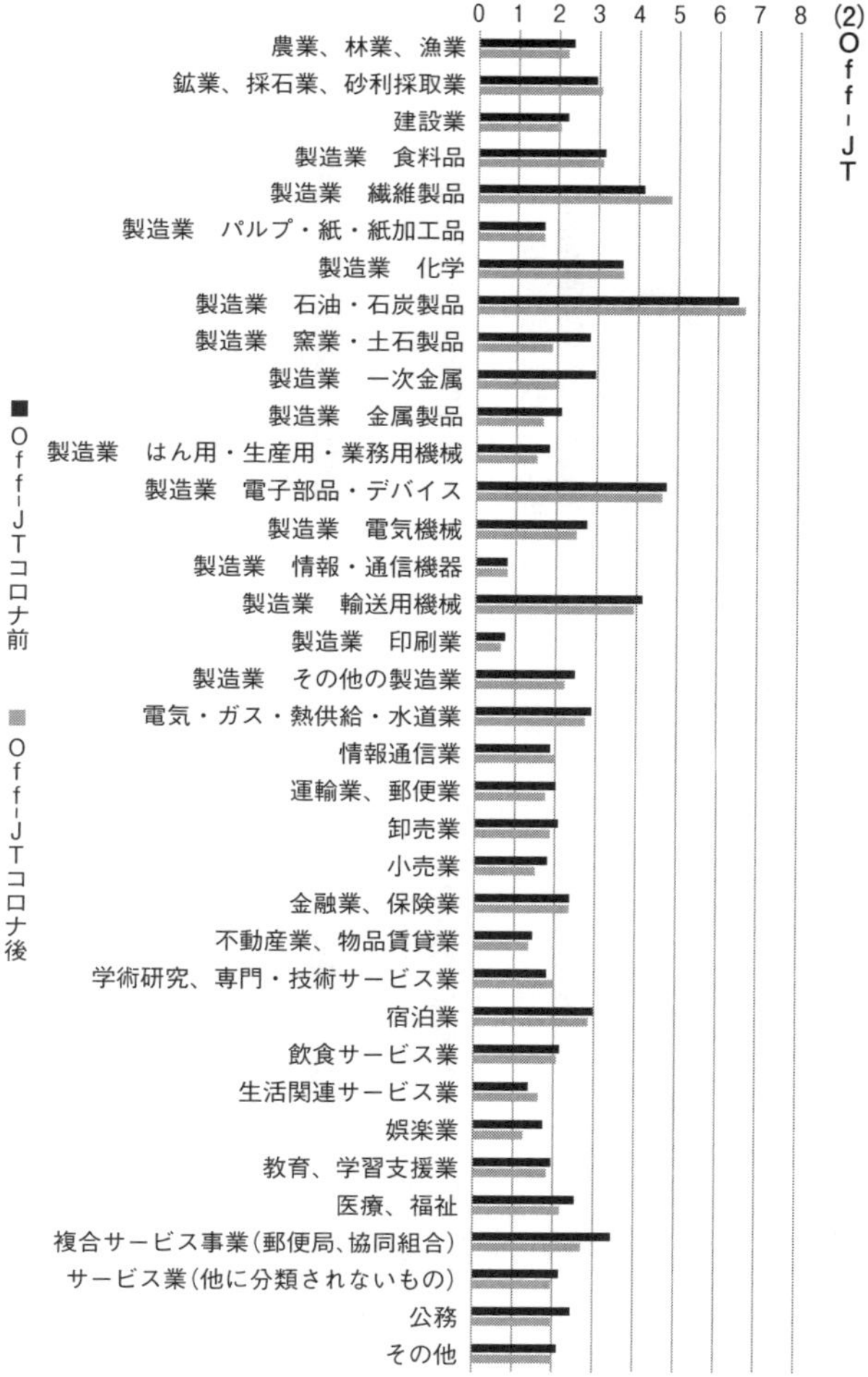

図5－8　産業別人材育成の変化（単位：％）

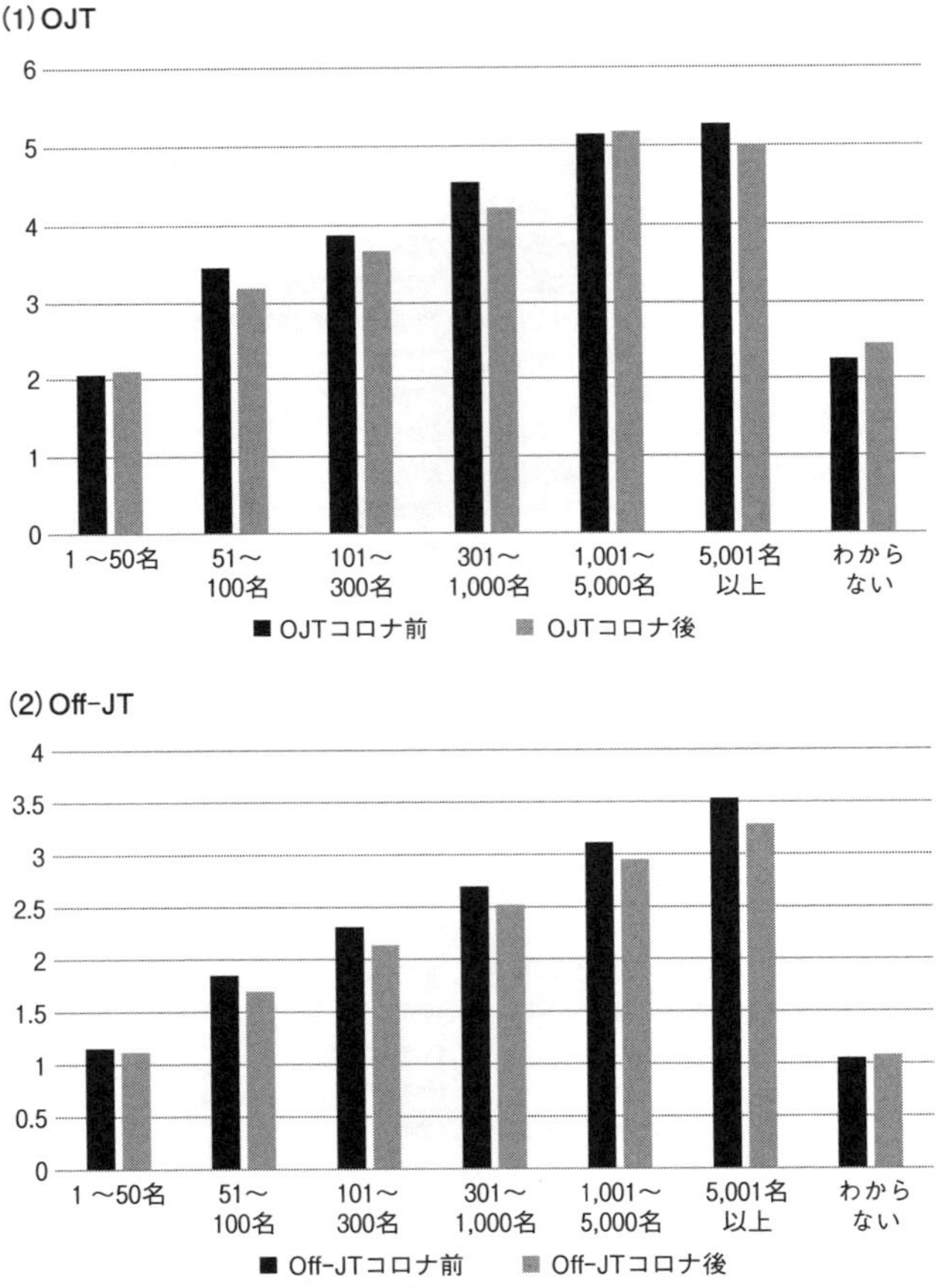

図5－9　規模別の人材育成の変化（単位：％）

いる。中小企業においては大企業と比して、在宅勤務率が上がらなかったため、ＯＪＴの機会も減らず、こうした結果になっている可能性がある。

年代別ＯＪＴ、Ｏｆｆ－ＪＴの状況については、コロナ前から、年代が低くなるほど、ＯＪＴについて「実施なし」と回答した割合が低いが、コロナ後は、「実施なし」と回答した割合が二〇代以下の年代以外で高まっている。Ｏｆｆ－ＪＴについては、全年代で「実施なし」回答割合の増加が著しい。加重平均で算出した年代別のＯＪＴ、Ｏｆｆ－ＪＴの時間割合は図５－10に示す通りである。これを見ると、加重平均値で見ても三〇代以下は、ＯＪＴの時間割合は、コロナ後に増えているか同じままである。しかしＯｆｆ－ＪＴは全年代でコロナ後にＯｆｆ－ＪＴの時間割合が低下している。

†新規投資と研修

この調査では、総労働時間のうち、新しい設備やシステムを導入した場合にその修得のために研修した時間（例えば、新しい機器の使い方を修得するための研修の時間やMicrosoft365などのグループウェアを導入した場合、その使い方を修得するための研修の時間など）はどの程度なのかを聞いている。全体では、「実施なし」と回答した割合が三分の二程度であった。また、コロナ前後で回答割合にそれほど変化はなかったが、若干コロナ後の割合が増加している。

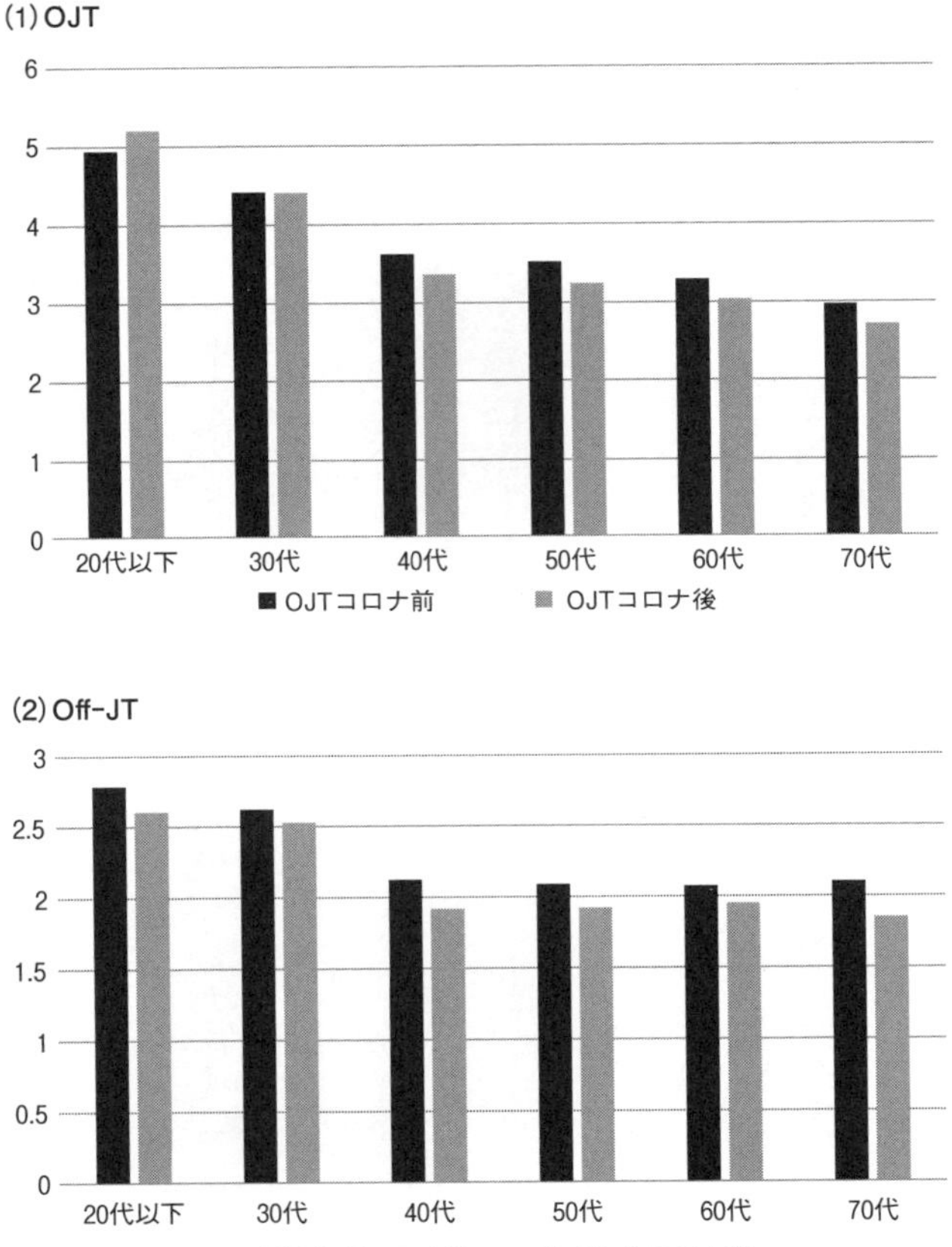

図5-10　年齢別人材育成の変化（単位：%）

調査時点を一〇〇とすると、五年前、一〇年前の新しい設備やシステムを導入した場合に、その修得のために研修した時間は五年前も一〇年前も現在の三分の一程度であった。これは、コロナ禍でコミュニケーションが取りづらい中、新たな設備やシステムの導入に従来よりも時間がかかっているとも考えられる。

産業別にみると、化学、輸送用機械や金融・保険、公務で「実施なし」と回答している割合が低い。恐らくこうした産業は資本集約的で、コロナ禍でも関係なく、新たな設備やシステムに対応した研修が必要になっていると考えられる。一方、運輸業や娯楽業など現業部門が大きい産業ではコロナ禍でも関係なく、「実施なし」の回答比率が高い。規模別では、規模が大きい企業の雇用者ほど「実施なし」と回答している割合が低い。

†行動制限の解除で、人材育成は変わったか

さて、最後の調査（二〇二三年二月実施）では、調査の前年に「まん延防止等重点措置」が終了しており、それ以降政府からの明確な行動制限措置は行われていない。そこで最後の調査では、Q14として、「二〇二二年四月以降は行動制限が解除されましたが、二〇二二年四月以降のあなたの働き方について、新型コロナ感染症流行前（二〇二〇年三月以前）と比べた場合の変化について当てはまる選択肢を選んでください。」という質問をしてい

る。

これを全体で見ると、過半の労働者は「変化はない」と答えている。一方増えた研修や減った研修の内容を見ると、興味深いことにオンラインでの研修が増え、対面での研修が減っている。そしてこの変化は正社員により顕著に見られる。

産業別には、情報通信業や学術研究・専門・技術サービス業といったデスクワークが多い産業でテレワークが増えており、運輸・郵便業や小売業など大きな現業部門を抱える産業ではあまり変化がなかった。

研修についても、デスクワーク主体の情報通信業、金融・保険業などで対面研修が減り、むしろオンラインでの研修が増えている。またこうした産業では、オンライン会議も増加している。そしてこれを企業規模別に見ると、規模の大きい企業ほど、行動制限解除後、テレワーク、オンライン会議やオンラインでの研修を増やしていることがわかった。そしてこうした働き方や研修の変化は、若い世代ほど多く経験している。

†調査結果をもとにした人的資本の推計値

最後に、今回実施した雇用者調査の結果をもとに、人的資本投資額の推計を行い、企業側からの推計である内閣府の人的資本投資額の結果と比較する（内閣府二〇一八）。今回は

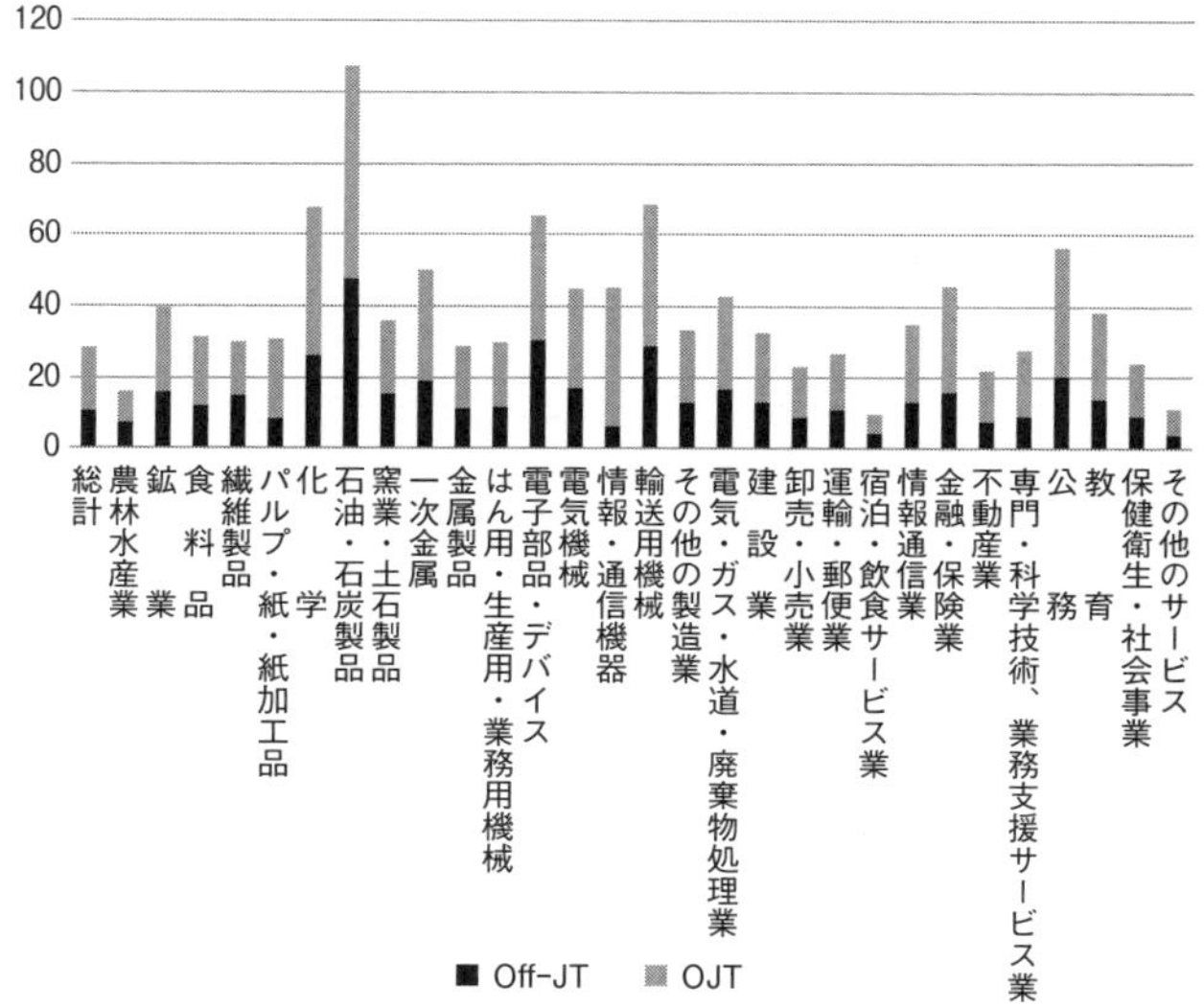

図５-11　一人当たり平均人的資本投資額（産業別、単位：万円）

我々の調査で算出した産業別のＯＪＴとＯｆｆ－ＪＴの時間（加重平均値）を、二〇一八年（暦年）の国民経済計算の経済活動別の雇用者報酬に掛け雇用者の人数で割ることで、産業別の一人当たり人的資本投資額を簡便に推計する。

結果は図５－11に示されている。内閣府の推計では、二〇一六年度における一人当たりの平均的な人的資本投資額は約二八万円であった（内閣府の推計では直接費用も含む金額が示されている）。内訳を見ると、人的資本投資額の六四％程度がＯＪＴの機会費用であり、ＯＪＴの占める割合が非常に高いとの結果であった。一方、この調査の結果を図5－11で見ると、平均的な人的資本投資額は二八・五万円程度で、そのうちOJTの割合は六三％程度であるため、内閣府の推計値とほぼ同じ値となった。

産業別に見ると、内閣府の推計では、電気・ガス・水道が最も多く、約七四万円であった。ただし、この数値には直接費用も含まれている。直接費用を除くと六〇万円程度である。一方で本調査での電気・ガス・水道の一人当たり人的資本投資額は四三万円と内閣府よりはやや低めに試算されている。他方、金融・保険業では、内閣府の試算で三五万円弱であるのに対し、本調査では四六万円と内閣府推計よりは高く試算された産業もあった。

†プロの人材を目指して

新型コロナの感染拡大期には、何度も行動制限が出されたため、従来の働き方や人材育成について大きな変更を余儀なくされた。本章は、集計データと独自の調査によるデータを使って、この変化をマクロとミクロの両面から考察した。

JIPデータベースを利用したマクロベースの人的資本投資（Off‐JTのみ）では、二〇一〇年代の後半から日本の人的資本投資が減少しつつあり、その傾向は新型コロナの感染拡大期に入っても変化が無いことが確認された。このため、日本の人的資本ストックも減少傾向にある。

ＪＩＰデータベースは生産性計測のためのデータベースだが、同種のデータベースである EUKLEMS/INTANProd データベースを使って比較すると、日本の場合そのＧＤＰ比の低さも問題だが、他の先進国が二〇〇〇年代よりも二〇一〇年代に増加しているのに対し、日本だけが低下している点が懸念される。

ミクロ面では、二〇二一年五月と一〇月、二〇二三年二月に実施した『人材育成に関する雇用者アンケート調査』を利用して、コロナ禍前後の働き方及び人材育成の状況について考察した。新型コロナウイルスの影響が産業によってばらつきがあるため、人材育成もそれに対応して様々だが、全体的に見ると、新型コロナウイルスの感染拡大によってＯＪＴ、Ｏｆｆ-ＪＴともに「実施なし」と回答した割合が増加している。

一方、行動制限が緩和されて以降の働き方については、情報通信業や金融保険業などでは、むしろテレワークやオンライン会議が増え、対人サービスが中心の小売業や飲食業などではあまり変化がないという業種別で対応が分かれた結果となっている。

第3章で、日本は「アマチュア資本主義」だと述べたが、実際日本人は社会に出るまでの学生期には、国際的にも優秀であるとの評価を得ている。しかしそれが、能力が報酬と結びつくようになるプロの世界では、瞬く間に差をつけられてしまう。これは日本の場合、社会に出てからも、相対的にアマチュア気質が抜けなくても何とか過ごせてきたからだろう。ただ長期停滞による先進国との賃金格差は、プロの人材とアマチュア気質の人材の差を如実に表している。

長期にわたって広がったプロとアマチュアの差を縮めるのは容易ではない。確かに二〇一〇年代の後半から、徐々に人材の重要性が認識されてきてはいるが、その変化は鈍い。バブル期に優位だった国際競争力に胡坐《あぐら》をかいて、長期にわたって人材育成をおろそかにしてきたツケは大きい。

ここから世界標準並みに日本の人材力を引き上げていくには、まず能力に応じた報酬を受けるという考え方が行きわたる必要があるだろう。もし長期雇用を維持しながらこれを達成していくとすれば、これまで以上の企業内訓練が必要だろう。ただそうした負担に企業が耐えられない、または効率的ではないと考えるのならば、長期雇用を捨て流動化した労働市場で適切な人材をスカウトしていく必要があるだろう。もちろんこうした労働市場の流動化の基盤として、時代に合った大学での専門教育の整備が必要なことは言うまでもない。

もし日本の企業がこうした人材育成に積極的でないならば、政府は世界標準の人材で運営されている外国企業を積極的に誘致し、国内の人材力を引き上げていくべきだろう。これは台湾積体電路製造（ＴＳＭＣ）の誘致に見られるような、経済安全保障的な側面に留まらない。アマチュア的な日本企業の人材育成に補助金を出して支援するよりも、高度な外国企業の誘致を支援する方が、プロの人材育成には役立つと考えるべきだろう。

第5章のポイント

◎デジタル化の推進のためには人材の育成が必須である。

◎九〇年代後半の金融危機以降、中途半端な労働市場の流動化を行ってきたことが、人材育成投資の減少を招いている。

◎日本的経営が、プロフェッショナルな人材を育成できなければ、外資の導入によってプロフェッショナルな人材を育成していくほかはない。

第6章 「アマチュア資本主義」2.0

†揺れる日本の「豊かさ」

ここまで、資本蓄積を中心に据えて、日本経済の現状から将来に向けての課題について述べてきた。しかし恐らく読者は、投資が生産性の向上につながり、それが一人当たりGDP、すなわち経済的豊かさにつながるということは理解できたとしても、「それは本当の生活の「豊かさ」のための一里塚に過ぎないのではないか」「もっと将来に期待が持てるようなことが言えないのか」といった消化不良のような感覚が残っているに違いない。

第3章では、日本の「アマチュア資本主義」と対比して他の多くの国の資本主義を「プロフェッショナル資本主義」と形容した。この「プロフェッショナル資本主義」における「豊かさ」の考え方は至ってシンプルである。人々の経済的豊かさは、その人の生涯にわたる財・サービスの消費量の大きさで表される。

「財・サービス量の大きさで本当にその人の幸福が測れるのか」といった批判は当然あるだろう。しかし、他人がその人の幸福に対してあれこれ言う権利はない。経済的な「豊かさ」以外の幸福の考え方については、人それぞれが決めていけばよいというのが、「プロフェッショナル資本主義」の根底にある考え方なのだ。これはこれで筋が通った話である。果たして人々の幸福感をそのように明確に分離して考えることができるのかという点については、ケンブリッジ大学教授のダイアン・コイルも疑問視しているのだが、この問題については、後でもう少し詳しく述べることにする（Coyle 2021）。

一方の「アマチュア資本主義」の方はどうだろう。日本では最近、GDPとは異なる「豊かさ」の指標について注目が集まっている。二〇二三年、日本がホスト国になったG7サミットでも、財務省と中央銀行で、コロンビア大学のスティグリッツ教授を招いて、GDPに代わる新たな指標について討議が行われている。

しかしこうした風潮を厳しく見るなら、長期停滞の結果、長年にわたって一人当たりGDPが低下し続け、最近ではシンガポールや韓国の後塵《こうじん》を拝するようになっている。GDPの総額でも、二〇二三年にはドイツに抜かれた。二〇二五年にはインドにも抜かれるという予想もあって、もはやGDPという経済指標には、日本経済の凋落をさらけ出すだけの役割しかないので、もう少し良い指標を探したいという安直な動機が透けて見える。そうした安直さを超えて、真剣に「豊かさ」を考えたいのであれば、次の三つの点を踏まえておく必要があるだろう。

一つ目は、「豊かさ」の議論に入る前に、第2章で述べたような長期にわたる日本経済の停滞に関わった責任者は、この時期の経済運営や企業経営について深く反省してからこうした議論に入るべきである。

筆者は、一九九〇年代後半から二〇〇〇年代初期に、ＩＣＴ革命の意義や中国・韓国の追い上げを軽く見る政策担当者や企業経営者の発言を多く聞いた。こうした人たち、あるいはそれに連なる人たちが、長期停滞の反省もなく、目先の指標を変えればよいとばかりに「豊かさ」に関する新しい指標を唱えたところで、また同じ失敗を繰り返すだけではないか。こうした「豊かさ」を唱える人たちに望まれることは、じっくりと腰を据えて「豊かさ」とは何かを考える姿勢だろう。二〇二四年五月に発表された第6次環境基本計画で、環境省がウェルビーイングの増進をＧＤＰ以上に優先的な目標にすると言いながら、ウェルビーイングの定義は人それぞれなので定まったものはないとしたことに、「豊かさ」を真剣に考えていない政府の姿勢が窺われる。

二つ目は、たとえＧＤＰとは異なる「豊かさ」の指標を考えたとしても、その「豊かさ」を実現するためには、やはりＧＤＰの規模や伸びを無視できないという点だ。

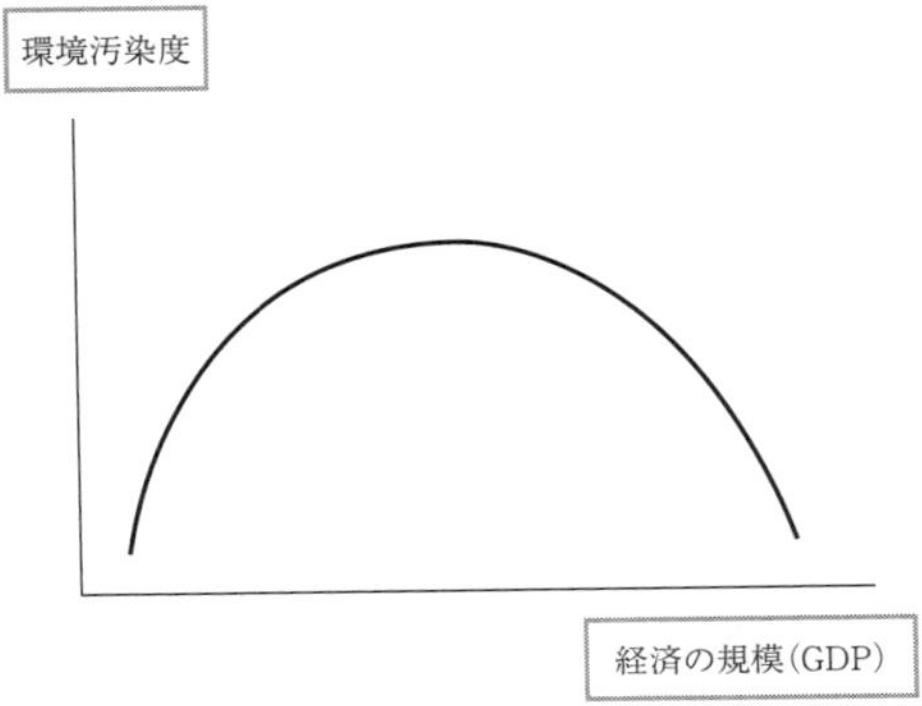

図6－1　環境クズネッツ曲線

例えば環境問題の改善を考える際に、「環境クズネッツ曲線」の考え方は無視できない。環境クズネッツ曲線とは、一人当たりGDPを横軸に取り、縦軸に環境の汚染度を取った場合、図6－1のように、逆U字型の曲線になる。つまり一人当たりの経済的豊かさの上昇が、環境改善への関心を高め、それが環境を改善するための政策へと反映されるのである。現在、これに関する理論・実証分析も多数行われている（内山二〇〇九）。GDPについての考え方も同様に無視できないのである。

三つ目は、後に述べるように、いくら「豊かさ」の指標を変えたとしても、資本蓄積の重要さは変わらないということだ。むしろ蓄積すべき資本の範囲は広がり、投資を行うべきか否かの基準はより複雑になる。

第4章や第5章で述べたデジタル投資や人的資本への投資の必要性も、「豊かさ」の概念を変えても変わらない。例えば、経済的な価値に加えて、長く健康でいられる社会を

「豊かな」社会としたとき、新型コロナウイルスのような感染症が広がった際に、いち早く感染者数を把握し隔離するシステムの構築は、デジタル化の助けなしには実現しない。韓国や台湾はデジタル化を通してコロナ禍に立ち向かおうとしたが、日本は、感染拡大直後には、ほぼ無為無策で国民の「我慢」頼りの政策に終始することになった。つまりデジタル化は単に経済的価値の最大化だけでなく、それ以外の価値の実現を目指す上でも不可欠なのである。

†市場経済と非市場経済

第3章では、経済学が想定している人々の行動やその結果について述べたが、これが強く当てはまるのは、生産された財やサービスが市場で取引される場合である。つまり、人々は市場で決まる財・サービスの価格を指標に、自らの効用を最大化するべく消費する対象を選択する。その一方で、企業は財・サービス市場で決まる価格と、労働などの生産要素市場での価格から、自らの利潤を最大化するよう生産量と生産要素の使用量を決めるのである。

しかし世の中には、こうした経済取引では価格が決まらない、または価格が決まることについて社会的な合意が得られない財やサービスも存在する。日本の場合、努力目標とはいえ憲法二五条に規定されている通り、「人々が健康で文化的な生活を送る権利」がある。したがって、「健康」や最低限の「教育」が市場原理を介さないで提供される割合が大きい。

もし「健康」という価値を維持するための医療サービスが、完全に市場化されてしまえば、高額の医療費を支払える人たちだけが「健康」を享受できることになる。また教育についても、初等・中等教育の段階から市場化してしまうと、教育を受けられない階層が生まれ、所得分布が固定化する恐れがある。

したがって、純粋に公的な部門に、「医療」や「教育」の部門を加えたカテゴリーを「非市場経済」と呼ぶ。このカテゴリーを公的部門と呼ばないのは、日本だけでなく他の国にも、「医療」や「教育」サービスは、公的機関だけでなく私的な機関、あるいは非営利団体によっても提供されているからだ。

さて「プロフェッショナル資本主義」の考え方からすれば、こうした市場を介さない部門の存在は、資源の効率的な配分を歪めることになり、経済全体のパフォーマンスを低下させることになるはずである。しかし、果たして本当にそうだろうか。図6-2は、EUK-LEMS/INTANProd のデータベースを利用して、日本と欧米先進国における二〇一〇年代の非市場経済のシェアと、その間の市場経済における労働生産性上昇率を見たものであ

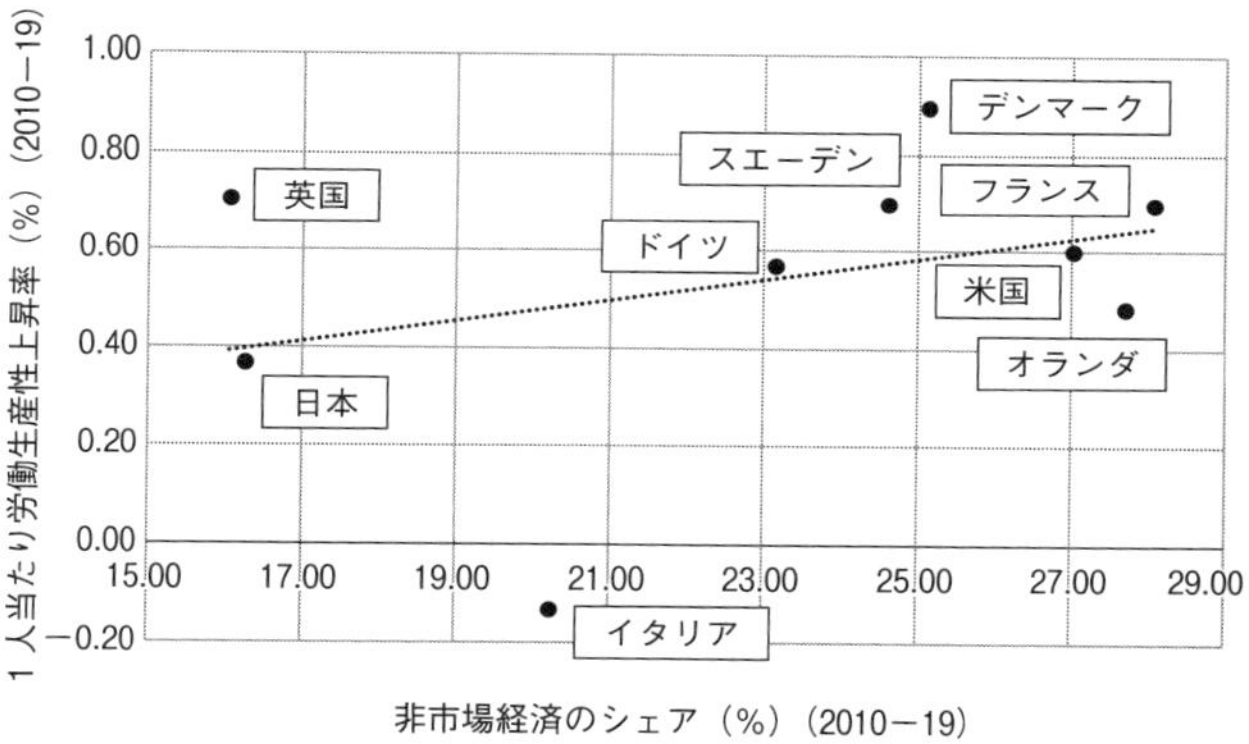

図6-2　非市場経済のシェアと労働生産性上昇率
出所　内閣府「国民経済計算」、JIP2023及びEUKLEMS/INTANProd 2023 Release

る。

これを見ると、日本よりも非市場経済の規模が大きい国々でも、日本よりも生産性が高い国は存在する。もちろん米国のように、医療分野や教育分野で私的な組織の割合が大きい国もあるが、ドイツやデンマークなど非市場経済の分野での国の関与が大きい国でも、日本より生産性は高くなっている。

ここからわかることは、非市場経済の規模は、市場経済のパフォーマンスとは関係なく、市場経済では「プロフェッショナル資本主義」に基づく競争を徹底させ、非市場経済については「プロフェッショナル資本主義」とは異なる原理で運営されるべきということだろう。日本の問題点は、こうした「市場」と「非市場」の区分が曖昧で、市場経済でもアマチュア的な考え方が入り込んでいることにある。

†「豊かさ」への様々なアプローチ

ここまで市場経済と非市場経済の概念を利用して、価格が明示的に付かない非市場経済の活動基準が、一人当たりGDPに代表される「豊かさ」を超える手がかりになるという整理をしてきた。それでは具体的にどのような「豊かさ」の指標があるのだろうか。ここでは三つのアプローチを取り上げてみたい。

一つ目は、従来の経済学の枠組みの延長線上で「豊かさ」を考える手法である。基本的に経済学では消費の満足度が最終的な「豊かさ」の指標であり、一人当たりのGDP（所得）というのはその近似として使われているのだが、これまであまり含まれてこなかった「健康」や「余暇」などの価値も消費量に換算して指標化するというのが、第一のアプローチである。

二つ目は、消費量への変換といった複雑な手続きをとらずに、より直接的に「豊かさ」に関連するデータや人々の満足度を調べて、それで「幸福度」や「豊かさ」の指標を作成するアプローチである。

このアプローチは、人々の多様な幸福感を集約しているという利点はあるが、「豊かさ」の要因を指標作成側があらかじめ選択していたり、幸福感が、どのような要因によって生み出されているのかが明確でないため、幸福度を増進させる環境の改善につながらない可能性がある。

最後の三つ目は、「豊かさ」の源泉に着目するアプローチであり、通常の経済的な財・サービスだけでなく、人々が「豊かさ」を感じる環境を提供する要素の充実が「豊かさ」につながっているという考え方である。このアプローチは、「豊かさ」の源泉を、通常より広範囲の「資本」に求めていることから「資本アプローチ」とも呼ばれている。

例えば、多くの人々が、「豊かさ」の要素として「健康」という価値を重視している。健康を保ちたい、あるいは健康を損なった場合には、その回復のために医療サービスを受ける必要がある。その健康という価値が常に実現できる「豊かさ」というのは、医療サービス側で健康を維持するためのニーズを常に受け止めるだけの医療資源が充実しているかどうかに関わってくる。この人材や設備も含めた医療資源の総称を、医療における「資本」と考えているのである。

第一のアプローチのように、もし医療について消費側のみから考えると、医療サービスの需要が高まっている状況が「豊か」だとみなされることになる。しかし、例えば新型コロナウイルスのような感染症が蔓延して、医療へのニーズが高まった状況を幸福な環境だと考える人はいないだろう。その意味で「資本アプローチ」は、消費側からのアプローチの限界を補完する役割を果たしていると言える。

以下ではこの「豊かさ」への三つのアプローチについて、もう少し詳しく見ていきたい。

†ジョーンズ＝クレノウによるアプローチ

スタンフォード大学のチャールズ・ジョーンズとピーター・クレノウは、二〇一六年に *American Economic Review* という学術専門誌に"Beyond GDP? Welfare across Countries and Time"という論文を発表した。彼らは二〇〇九年に発表されたスティグリッツ＝セン＝フィットウシによる報告に刺激を受け、標準的な経済学の枠組みの中でGDPを超える厚生指標、つまり生活水準の豊かさを表す指標の作成に挑戦した。簡単化して言えば、標準的な経済学では、厚生指標とは現在から将来にわたる個人の消費から得られる満足度の総和として表される。

それでは、なぜ一人当たりのGDPまたは所得が、経済的豊かさの指標として使われているのかという疑問が生じる。実はGDPは単純化すると大きく「消費」と「投資」に分解される。この「投資」の部分は、将来の財やサービスを生産する要素として利用されるが、将来生産された財やサービスは必ず将来の時点での消費となる。したがって、現在の

「消費」と「投資」を足したGDPは、現在の「消費」と将来の「消費」を足したものの代理指標になると考えているのである。

ジョーンズとクレノウは、平均寿命、余暇、所得分配を取り上げた。これらの要素を消費量に換算することで、標準的な経済学の枠組みの中での「豊かさ」の指標を作り出そうとした。

例えば、平均寿命が長いと消費する期間が長くなるので、平均寿命の長い国の国民は、短い国の国民よりもそれだけ「厚生」が高くなる。「余暇」もよく知られているように、働いていれば得られる賃金を犠牲にしていると考えられるので、「余暇」の時間は、時間当たりの賃金を支払って消費活動を行っているとみなすことができる。

以上の考え方に基づき、彼らは米国だけでなく多くの国の人口や労働に関するミクロデータを使って、米国の厚生水準を一〇〇と基準化した場合の、各国の厚生水準を推計している。しかし、一次データを利用できる国には限りがあるので、補完的にマクロデータを使った国際比較も行っている。図6-3及び図6-4は、このマクロデータを使った厚生水準（生活水準）の国際比較である。

まず図6-3は、二〇〇七年時点における経済厚生指標の比較である。棒グラフが米国を一〇〇とした相対的な経済厚生水準を表しているのに対して、折れ線グラフは一人当た

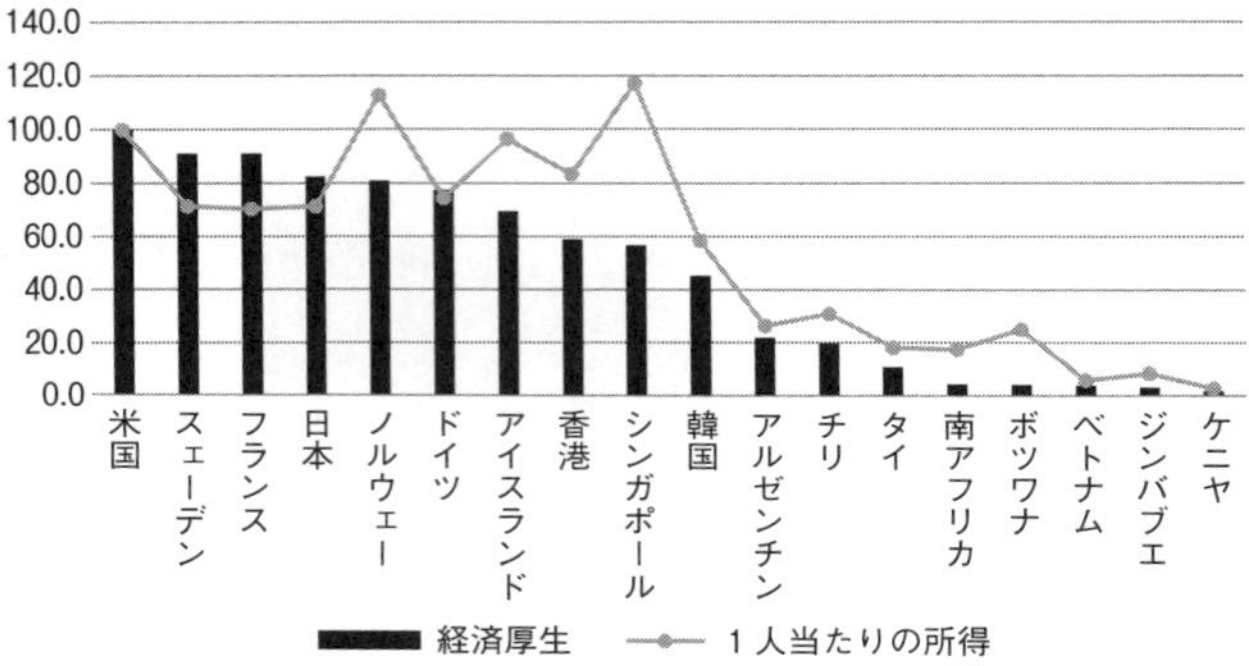

図6－3　経済厚生と一人当たりの所得（米国＝100）
出所　Jones and Klenow（2016）表8

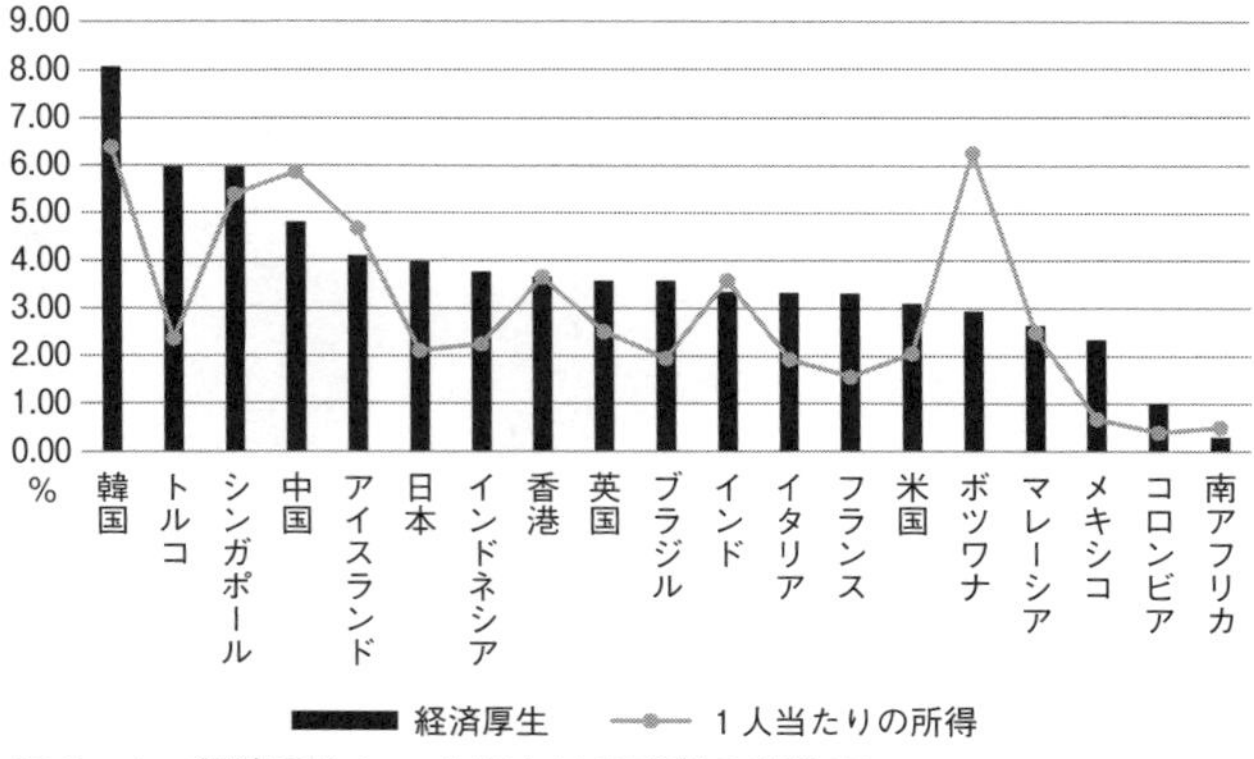

図6－4　経済厚生と一人当たりの所得の変化率
出所　Jones and Klenow（2016）表9

りの所得を示している。これを見ると、一人当たりの所得の高い国は、やはり厚生水準も高くなっていることがわかる。その意味で一人当たり所得または一人当たりGDPは、「豊かさ」を考える上でも欠かせない指標なのである。

しかし細部を見ると、例えばノルウェーやシンガポールのように、一人当たり所得で米国を上回っていても、厚生水準では下回っているケースもある。これは両国とも米国に比べて消費シェアが下回っているからである。日本の場合、一人当たり所得の位置に比べて生活水準は高いが、消費シェアに加えて余暇消費が少ない点が米国との差になっている。

次に図6－4だが、これは一九八〇年から二〇〇七年までの生活水準及び一人当たり所得の伸びについての国際比較である。これを見ると、韓国、トルコ、シンガポール、中国といった、この時期に躍進を遂げた国々が生活水準、一人当たり所得ともに大きく伸びていることがわかる。

日本も、比較的成長率が高かった一九八〇年代を含んでいるため、生活水準が伸びているが、最近までの経済的な動きを考慮すると、一人当たりの所得が増えていないことに加え、所得分配の改善も見られないため、生活水準にも大きな改善は見られないのではないかと推測される。この点は、次の幸福度の動きと合わせて見ていく必要があるだろう。

†国際機関が発表する「豊かさ」の指標

ジョーンズ＝クレノウ論文が試みたような「豊かさ」の指標は、最近では国際機関も積極的に発表している。きっかけは、二〇〇八年に米国で発生した世界金融危機である。この危機により、資産バブルの元凶として金融機関への批判が高まるとともに、それによって引き起こされた所得分配の悪化についても関心が集まった。世界金融危機が浮き彫りにしたこうした課題を考えるためには、単にＧＤＰの規模に注目しているだけでなく、ＧＤＰで捉えきれない様々な指標を合わせて考えなくてはならないという動きが起きた。

二〇〇九年に、当時フランスの大統領だったニコラ・サルコジから委託されたアマルティア・セン、ジョセフ・スティグリッツ、ジャン＝ポール＝フィットウシらが発表した、ＧＤＰを超える「豊かさ」の指標を考える必要性を説いたレポート（「スティグリッツ＝セン＝フィットウシ委員会レポート」）はその代表例の一つである。すでに紹介したジョーンズ＝クレノウ論文は、むしろこうした世界金融危機後に起きた、経済的豊かさの指標としてのＧＤＰに対する不信の流れを受けて、より経済学的な解釈に沿った「豊かさ」に指標を作成したものとして捉えることができる。

表６－１でＯＥＣＤが作成したBetter Life Indexは、このスティグリッツ＝セン＝フ

指標	公表機関	公表方式	カバレッジ	リンク先
Better Life Index	OECD	Better Life Index（Edition 2022）が最新で毎年公表（2013年以降）	41カ国（OECD加盟国及びブラジル・ロシア・南アフリカ）	http://stats.oecd.org/Index.aspx?DataSetCode=BLI https://www.oecdbetterlifeindex.org/#/11111111111
Well-Being関連データ（Current well-being）	OECD（oecd DataExplorer）	2004年からデータ格納。ただし、現状では2022データはほとんど未掲載	同上	https://data-explorer.oecd.org/vis?tm=How%27s%20Life%3F%20Well-Being&pg=0&snb=11&vw=tb&df[ds]=dsDisseminateFinalDMZ&df[id]=DSD_HSL%40DF_HSL_CWB&df[ag]=OECD.WISE.WDP&df[vs]=1.0&pd=2019%2C2019&dq=..._T._T._T.&ly[rw]=REF_AREA&ly[cl]=DOMAIN%2CMEASURE%2CUNIT_MEASURE&to[TIME_PERIOD]=false
人間開発指数（HDI）	国連開発計画（UNDP）	HUMAN DEVELOPMENT REPORT 2023-24が最新。1990年以降毎年公表	192カ国	https://hdr.undp.org/content/human-development-report-2023-24 https://hdr.undp.org/data-center/human-development-index#/indicies/HDI
世界幸福度報告	国連・持続可能な開発ソリューションネットワーク（SDSN）	World Happiness Report 2024が最新。2005年以降毎年調査（古い年次は主要国のみ）	143カ国（エディションにより若干変動）	https://worldhappiness.report/
包括的な富指数（新国富指標）	国連環境計画（UNEP）	Inclusive Wealth Report 2023が最新。2012年から数年おきに刊行	165カ国（2023年）	https://wedocs.unep.org/handle/20.500.11822/43131

表6－1　国際機関による「豊かさ」指標

イットウシ委員会レポートを元にして、所得と富、住宅環境、仕事、健康、知識と技能、環境など一五の項目について、OECD加盟国がどのような位置にあるかを定期的に示している（OECD 2012）。ただこのBetter Life Indexは、それぞれの項目について各国がどのような順位にあるかは示しているが、それらをまとめた総合指標を作成してはいない。これは各国が、すべての調査指標に関する統計データを提出しているわけではないからだ。

二〇一二年版を見ると、日本は学生の教育水準が平均と比べて高く、殺人被害率も平均以下ではある。しかし健康に関しては、平均寿命は長いものの、高齢化のせいか自分の健康状態が良いと答えた割合はOECD平均を大きく下回っている。また所得格差はOECD平均以上であり、ワークライフバランスもOECD平均以下となっている。

これに対して、同じ表6－1に国連開発計画が公表している人間開発指数（Human Development Index）は、ジョーンズ＝クレノウ論文のように、一人当たりの所得に、平均寿命（健康）や教育の普及度などの客観的指標を加味したものである。ただし、そのデータの作成方法は、ジョーンズ＝クレノウに比べれば単純化されている。

表6－2は、この人間開発指数の結果をG20諸国についてまとめたものである。日本は一九三カ国中二四位と、だいたい一人当たりGDPの順位と同じような位置にある。もっともG7諸国の中では最下位というわけではなく、イタリアやフランスよりも上位にいる。

	HDI（2022）		WHR（2021－23）	
	基本指数	格差調整後の指数	全体	若年層（30歳以下）
日本	24	20	51	73
アルゼンチン	48	48	48	34
オーストラリア	10	14	10	19
ブラジル	89	107	44	60
カナダ	18	14	15	58
中国	74	76	60	79
エジプト	105	114	127	130
フランス	28	29	27	48
ドイツ	7	9	24	47
インド	134	140	126	127
インドネシア	112	106	80	75
イタリア	30	34	41	41
韓国	19	21	52	52
メキシコ	77	82	25	22
ロシア	56	51	72	68
サウジアラビア	40	N.A.	28	42
南アフリカ	110	133	83	87
トルコ	45	58	98	101
英国	15	13	20	32
米国	20	28	23	62
調査対象国数	193	193	143	143

表6－2　G20でみた人間開発指数（HDI）と世界幸福度報告（WHR）

より興味深いのは、格差調整後の順位である。格差調整前の指数は、一人当たりのGDPのように平均値で表されるが、同じ一人当たりGDPでも、所得が高い人と所得の低い人との差は国によって異なる。このとき所得の不平等度が大きい国は小さい国よりも順位が低下するような調整を行うのである。これによって所得の不平等度が少ない国は順位が上がり、逆に大きい国は順位が低下するのである。この格差調整は、所得格差だけでなく健康格差や教育格差なども考慮されているが、これを調整すると、日本は二四位から二〇位へと順位を上げている。

これに対して、米国は二〇位から二八位へと順位を落とし、日本よりも下位に位置することは実感に近いかもしれない。表6－2では示していないが、香港やシンガポールといった地域や国は、日本よりもはるかに所得が高いが、格差調整後では、ほぼ日本並みとなる。一方、国連の持続可能な開発ソリューションネットワークによる「世界幸福度報告」では、米国ギャラップ社が調査する、一〇段階の主観的な幸福度の調査をもとに幸福度を指標化している。このほか所得や健康といった客観的指標に加えて、ギャラップ社の世界的な調査に基づく主観的な見解（人生の選択に関する自由度、寛容さ、腐敗の少なさ）もサポート指標として加えている。

この調査における日本の順位は、客観的指標を中心とした人間開発指数よりもかなり低い五一位である。ただこの、主観的指標が客観的指標を下回る現象は、ドイツや韓国でも見られる。逆に、主観的指標が客観的指標を大きく上回るのは、中南米の国（メキシコやブラジル）である。

概して社会的同調性（または圧力）が強い国は、主観的指標で下位になっている。例えば日本よりはるかに一人当たり所得が高いシンガポールは三〇位で、香港に至っては八六位となっている。日本にとって残念なのは、若い世代の順位がさらに低いこと（七三位）である。ただこれも先進国（ドイツ、フランス、カナダ、米国）ではありがちな現象とも言える。

†日本における「豊かさ」または「幸福感」の研究

日本の「豊かさ」や「幸福感」の研究は、「世界幸福度調査」に見られる主観的幸福感の要因を、より学究的立場から調べたものとなっている。例えば大竹文雄《おおたけふみお》大阪大学教授らによる『日本の幸福度』では、大阪大学が二〇〇〇年代に実施した大規模なアンケート調査などを使った分析を収録している（大竹他二〇一〇）。

まず第1章では、この時点までの幸福度研究を概観し、第2章では、ちょうど「世界幸福度調査」と同様の一〇段階評価によるアンケート調査を実施している。これを見ると、どの世代でも一〇段階評価の中で、五〜八あたりの回答が多い。そして第3章以降は、この幸福度の要因（所得、労働、ワークライフバランスなど）を定量的に調べている。

また京都大学名誉教授の橘木俊詔《たちばなきとしあき》も、幸福感、格差などについて多くの著作を発表している。橘木と高松理江《たかまつりえ》による『幸福感の統計分析』（二〇一八）も、「世界幸福度調査」や大竹らによる調査と同じく、主観的幸福度をまず一〇段階で聞き、合わせてその要因となる所得、仕事などを尋ねている。彼らの調査で興味深いのは、「イースタリン・パラドックス」に関する分析である。「イースタリン・パラドックス」とは、国の所得水準が上昇しても、必ずしもそれに伴って人々の幸福度が増すわけではない、という逆説を指す。

橋木と高松の著作では、この「イースタリン・パラドックス」を「準拠集団理論」という観点から分析している。「準拠集団理論」とは、自分のまわりの集団（親族、同級生など）の属性との比較によって、個人の幸福感が決まるという考え方である。彼らの調査によれば、所得が上昇すれば参照する集団の所得も上がっていく。しかし、準拠集団の所得が上昇すると、幸福感にはマイナスに働くため、本人の所得上昇に伴う幸福感の上昇は減殺される。高望みが、かえって充実した幸福感の妨げになるというのが、彼らの分析の結果である。

†「資本アプローチ」

表6－1の最後は、国連環境計画が公表している「包括的な富（inclusive wealth）」の指標である。人間開発指数が、所得や健康などある一定時期に達成されたパフォーマンス指標に焦点を当て、「世界幸福度調査」が主観的な「幸福度」を計測しているのに対し、この「包括的な富」指標では、長期にわたって「豊かさ」を提供できる資産に焦点を当てている。

その資産は、「豊かさを実現する潜在能力」とも解釈できるので、このアプローチは、別名「ケイパビリティ・アプローチ」とも呼ばれている。例えばすでに説明したように、GDPのような概念で医療を測ったとき、患者が多く医療機関が繁忙を極めるほどGDPが増加し「豊か」になるという矛盾した状況が起きる。これに対して「資本アプローチ」では、感染症が生じた際にも十分な対応ができる能力が医療側にあるということが、「豊かさ」の基準になる。

「資本アプローチ」は、一九八七年に出された国際連合の「環境と開発に関する世界委員会（ブルントラント委員会）」の報告書で、「持続的発展（sustainable development）」という概念が提起されるようになったことで始まったと言われている。この「持続的発展」の概念を経済学的に理解する手法として、一九九〇年代から「資本アプローチ」というものが開発されるようになった。

「資本アプローチ」を最初に考案したのは、デイヴィッド・ピアース＝ジャイルス・アトキンソン（一九九三）だと言われている。その後、ケネス・アロー（スタンフォード大学教授）、パーサ・ダスグプタ（ケンブリッジ大学教授）、カール＝ゲラン・メーラー（ベイヤー国際環境研究所所長）らによって研究が進められ（アロー他二〇一二）、そうした研究をもとに各国で計測が進められるようになる。最近では、ダスグプタが英国政府の依頼を受けて作成した「生物多様性の経済学」報告書（ダスグプタ・レポート）の中でも議論されている。

「資本アプローチ」は、人工資本（生産資本）、自然資本、人的資本とそれを支える「制度資本」で構成されている。国連環境計画が公表している包括的な富指標では、「制度資本」を除く三つの資本が計測されており、日本からは九州大学教授の馬奈木俊介《まなぎしゅんすけ》がこの計測プロジェクトに参加している（馬奈木二〇一七）。

†「資本アプローチ」と「社会的共通資本」

実は「資本アプローチ」によく似たアプローチでありながら、それよりはるか前に日本で独自に考案された「豊かさ」に対する考え方がある。それは、当時東京大学の教授だった宇沢弘文が考案した「社会的共通資本」である。これについては、一般的には、二〇〇〇年に岩波書店から出版された同名の新書が良く知られているが、実はすでに一九七〇年代に提起されており、「生活の豊かさ」を考える現在の世界の流れを先取りしていたと考えられる。

もっとも、一九七〇年代に提起された「社会的共通資本」の議論は、当時の公害問題やインフレに伴う所得格差を考察するための道具であった。その後、先に述べた持続可能性への関心が高まるとともに、一九九〇年代から二〇〇〇年代にかけて、「資本アプローチ」と並行して改良を加えて分析が進められてきた。

この「社会的共通資本」と「資本アプローチ」の共通点は、「資本」が生み出す様々な財やサービスが、生活の豊かさをもたらすという認識に立っている点である。つまり「豊かさ」の基礎に「資本」がある、という考え方である。

両者の違いは、「資本アプローチ」がより包括的な経済を対象としているのに対し、「社会的共通資本」は先に述べた非市場経済のあり方を考察している点にある。例えば、「資本アプローチ」の人工資本には、公的なものだけでなく、民間の資本も含まれる。制度資本は付随的で資本間の調整を行う金融制度などを想定しているようだが、人的資本の推計には、教育制度や医療制度が影響する平均寿命も関連させている。「資本アプローチ」は、こうした包括的な資本の配分を、一国または一地域で、そこに住む人達の意志を尊重しながら調整していくといった過程が考えられているようである。

一方、「社会的共通資本」を「資本アプローチ」と対比した表6-3を見ればわかるように、民間部門（市場経済部門）を除いた非市場経済における資本蓄積のあり方に焦点を当てている。このことは、「資本アプローチ」と「社会的共通資本」で考察される範囲の違いに大きな影響を及ぼしている。

例えば、制度資本について、「資本アプローチ」では脇役的扱いだが、「社会的共通資本」では中心的な存在として位置づけられている。宇沢は制度資本の中核に医療と教育を

社会的共通資本	資本アプローチ
自然資本	自然資本
社会インフラ	人工資本（生産資本、社会インフラを含む）
	人的資本
制度資本（教育や医療を重視）	制度資本（法制度や金融制度）は上記３つの資本の補完的な役割を担う

表６－３　社会的共通資本と資本アプローチの分類

挙げているが、これはすでに見たように非市場経済でも中心的な分野である。

また「社会的共通資本」には人的資本が対象に入っていない。これは人的資本の計測方法を考えれば理解が可能になる。人的資本を計測する場合、原理的にはその人の将来にわたる収入総額を現時点で評価した、いわゆる生涯所得のようなものを考える。

しかし、これが人々のスキルを正確に反映した指標だと考えるためには、その労働者が働く企業や組織が提供する財・サービスが市場で需給を反映した価格を付けている必要がある。そうでなければ、その労働者の生産への貢献度が反映された賃金の評価もできない。非市場経済は、こうした市場を通じた財・サービスの価格付けが難しい部門を対象としているので、結果的に人的資本の評価もできないと考えられているのではないだろうか。

†どのアプローチを目指すべきか

それでは以上の中で、どのアプローチが望ましいのだろうか。

そもそも「豊かさ」や「幸福感」そのものが主観的なものなので、これまで紹介したアプローチを客観的に評価することは難しい。もしある一定の集団について考えるならば、その集団の目標に沿ったアプローチを採用すべきだろう。ただ持続的な「豊かさ」を追求するならば、資本が維持されている期間中は「豊かさ」を感じられるサービスの提供が行われる「資本アプローチ」が適しているだろう。

しかし、「資本アプローチ」という手法は包括的なものなので、どのような主体が望ましい資本の組み合わせを調整していくのかが明らかではない。また自然資本の維持のように、特定の組織や国の努力では難しい資本もある。この点は「社会的共通資本」も同じだが、「社会的共通資本」の場合は対象が非市場経済に限定されているため、合意形成や目標はより絞られてくる。例えば、「社会的共通資本」は制度資本の代表として医療や教育を挙げるが、これは日本国憲法第二五条や第二六条によって、日本では一応の合意が得られていると考えられる。

「社会的共通資本」の課題は、市場部門と非市場部門の関係である。間宮《まみや》陽介《ようすけ》京都大学名誉教授は、非市場部門が市場部門のパフォーマンスを支えると考えたが（間宮二〇一五）、図6－2でみたように、必ずしも両者の間に強い相関性は見られない。可能性としては逆の関係も考えられるだろう。

例えば、市場部門のパフォーマンスが衰えることで、そのしわよせが非市場部門にも及ぶ可能性がある。実際、デジタル化の遅れでコロナ禍での対策は混乱を極めたし、地震や豪雨災害による避難所の環境は一〇年たってもほとんど改善されていない。危機に瀕したときに国民の忍耐に頼る国では、「この国にいてよかった」と思える機会はだんだん少なくなるだろう。結論的には、「資本アプローチ」も「社会的共通資本」も現実的な目標としたり、政策的な取り組みをするには、まだまだ研究や議論の積み重ねが必要という段階にある。

†「豊かな」社会への選択

それでも現段階で言えることもいくつかある。まずこれまで様々な「豊かさ」の指標を見てきたが、どの指標においても経済的豊かさは、「豊かさ」の重要な部分を占めているということである。しばしば、経済的豊かさ以外の部分がクローズアップされることはあるが、そもそも経済的豊かさが維持されなければ、全体の「豊かさ」も低下していくということを忘れてはならない。

経済学を学び始めたばかりの学生は、授業で「代替」という概念を習う。これは、ある財を生産する際に、資本を使って生産する代わりに、その生産を労働力を使って行うようなことを指す。この場合、資本と労働は代替関係にあると言う。現在の議論で言えば、どんなに所得が低下したとしても、平均寿命が増加していれば「豊かさ」は維持できるというロジックがそれにあたる。しかし、所得の減少はおそらく健康を損なうことにつながるため、その所得の低下による貧しさを、長寿化による豊かさで補塡《ほてん》することには限界があると言えるだろう。その意味で、本章で述べた市場経済部門における経済的豊かさの維持、向上は決して軽視されるべきではない。

次に、本章の冒頭で述べたように、「資本アプローチ」をとるにせよ、「社会的共通資本」をとるにせよ、広いカテゴリーでの投資が必要になる。本章では、経済全体を市場部門と非市場部門に分けて考察したが、第4章や第5章で述べたデジタル投資や人材への投資は、市場部門、非市場部門にかかわらず不可欠な投資として位置づけられる。ただその投資のための動機は両部門で異なる。市場部門における投資は、経済的豊かさを増すための投資であり、非市場部門での投資は、少子化の中でも、健康や教育といった経済的豊かさ以外の「豊かさ」を維持するための投資だ。

現在日本で行われている「豊かさ」に関する議論は、市場部門で活動する経済主体と非市場部門で活動する主体の区別をつけずに、いかにも幸せに満ちた社会の構築が可能であるかのような幻想を振りまいている。しかし、市場部門の主体と非市場部門の主体は異なる目的で存在しており、それを一律に扱うべきではない。「企業の社会的役割」などというアマチュア的な美辞麗句を用いながら、政府がその行動を規定してしまうことは、市場経済の活力をそぐことになり、「豊かさ」の実現にとってはかえって障害となる。市場経済部門がプロフェッショナルに徹した投資を行い、非市場経済部門が経済価値以外の「豊かさ」を充実させることで、両部門の相乗効果が発揮される姿が、「豊かさ」を実現できる方向性ではないだろうか。

第6章のポイント

◎経済全体を市場経済と非市場経済に分け、前者を「プロフェッショナル資本主義」で、後者を「アマチュア資本主義」で運営すべきである。

◎広義の「豊かさ」の指標として、「資本アプローチ」があるが、この考え方に沿って経済を運営するとしても、新たな投資は不可欠だ。

あとがき

先日、あるコンファレンスに参加した際、著名な経済学者が、「久しぶりの物価上昇なので、経営者はどれだけ物価を上げてよいかわからず、労働組合も賃金上昇をどれだけ要求してよいかわからない」と言うのを聞いて驚いてしまった。長年にわたり凪《なぎ》のような経済状態が続いたからなのだろう。バブル崩壊後の金融機関が、かつて大量の不良債権の処理に追われ、それが一段落した時にどのように企業を評価し、貸出を行えばよいかわからなかったということと同様の事態かもしれない。

価格や賃金の変化を改めて学びなおさなければいけないということならば、それより複雑な投資決定やそのための資金調達などはどうしているのだろうか。本書第2章では、「失われた30年」を金銭的に評価したが、本当に失われたのは、実はその「学ぶ」姿勢なのではないだろうか。

あの米国でさえ、一九五七年にソ連に世界初の人工衛星を打ち上げられた際には、人類で初めて月に人類を送るアポロ計画で対抗しようとした。また一九八〇年代後半に、経済力で日本に追い上げられた際には、日本の生産システムを研究していた。ところが、日本が停滞している間、こうした他国の優れた点に学ぼうとする姿勢はほとんど見られなかった。筆者が目にしたり耳にしたりしたのは、前例踏襲の毎日と「この点はまだ日本の方が優れている」とか「それはわが社の企業風土に合わないからできない」といった現実を直視しない言い訳ばかりだったように記憶している。

こうした凪の状態に心地よさを覚え、日本は江戸時代のように国を閉ざして落ち着いた社会を目指すべきだという人もいる。しかし日本が鎖国している間、血みどろの領土争いや宗教戦争を繰り広げたヨーロッパ諸国は、科学技術の面で飛躍的な発展を遂げた。二五〇年もたつと、彼我の実力差は大きく、ヨーロッパは日本の独立性を脅かすまでの存在となっていた。

この圧倒的な国力の差を埋める体制づくりのために、日本は二〇年近く、明治維新前後の混乱状態を経験することになる。こうした筆者の危機感には付き合えないという方もいるだろうが、ここ三〇年間の日本は、二〇年前や三〇年前の将来予測の下限をさらに下回る道を歩んできた。今後は何が起ころうと驚かないくらいの覚悟が必要だろう。

本書の序章、第3章、第6章はほぼ書き下ろしである。ただし第6章の考え方は、日本生産性本部における「生産性評価要因の国際比較プロジェクト」（生産性研究058）に参加させていただいたことがきっかけになっている。加えて表6－1は、日本生産性本部上席研究員である木内《きうち》康裕《やすひろ》氏が作成された表を使わせていただいた。このプロジェクトに関わった先生方及び日本生産性本部のスタッフの方々に感謝したい。

第1章は、「ポストコロナを見据えた日本の生産性向上と取り組むべき課題」連合総研『持続可能な経済社会実現に向けた労使協議のあり方を考える――労働力人口減少下における持続可能な経済社会と働き方（公正配分と多様性）に関する調査研究委員会報告』（二〇二三年二月）を下敷きにデータなどを更新している。なお、図1－3は、池内《いけうち》健太《けんた》経済産業研究所研究員と共同で作成したMiyagawa and Ikeuchi（2023）に基づいている。第2章は「日本の長期停滞と生産性向上の必要性」（一社）交通経済研究所『運輸と経済』二〇二三年四月号をベースにデータなどを更新して作成した。

第4章は、「デジタル化の経済学」内閣府経済社会総合研究所『経済分析』第209号の一部を使わせていただいた。第5章は学習院大学経済学部教授の滝澤美帆氏との共著である「日本の人的資本投資について――人的資源価値と生産性との関係を中心として」（独）経済産業研究所の政策ディスカッションペーパー（22-PDP-010）及び「コロナ禍を経た企業内人材育成の現在地」学習院大学経済研究所『年報』二〇二三年一二月に基づいている。各著作の利用を許可していただいた共著者の方々には感謝したい。

また宮川研究室でお手伝いをいただいている森山由美子氏には、本書の文章、図表の整理と参考文献のチェックをしていただいた。厚く感謝したい。そして、草稿を読んでコメントをくれた石川貴幸氏（立正大学特任准教授）と岩崎雄也氏（青山学院大学助教）にも謝意を表したい。

本書の学術的な内容は、文部科学省科学技術研究費二〇二二年度国際共同研究加速基金（国際共同研究強化（B））「無形資産計測と生産性変動に関する新たなアプローチ」（課題番号：22KK0021）、二〇二三年度基盤研究（C）「無形資産の生産力効果――相互連関、地域間・産業間リンケージを中心として」（課題番号：23K01381）、学習院大学経済経営研究所の研究助成（二〇二二年度）の支援を受けた。

本書の執筆は、二〇二三年初めに筑摩書房の山本拓さんからお話をいただいたことがきっかけだった。先ほども述べたように、日本は長年にわたって凪のような状態が続いているため、本質的な課題は、二〇年前から変わっていない。この点はここ数年の政府が強調する政策内容に変化がないことから明らかである。重要なのはその課題が悪い方向へと深刻化していることだろう。本書は、その課題を幅広い「投資」という形で克服する方向でまとめている。迷える筆者をリードして下さった山本さんの御尽力に感謝したい。

本書の執筆には一年半を要した。私事ではあるが、この間に母房子が九六歳で亡くなり、本書の出版報告ができなかったことは残念である。母は、阪神タイガースの大ファンだった。阪神ファンは一生に一度日本一やリーグ優勝に立ち会えれば幸いだと言われている。その点二度の日本一に出会えた母は幸運だったかもしれない。思えば、日本経済は常勝を運命づけられていたようなものだった。しかしこれからは、長く負け続けても、阪神ファンのようにその負けを楽しさに変えて生きる姿勢が求められているように思う。そうすれば二〇年または三〇年に一度訪れる幸運（「A・R・E」）を、より楽しむことができるだろう。逆境を楽しく粘り強く生きることを教えてくれた母に本書を捧げたい。

宮川　努

二〇二四年九月

参考文献

はじめに

猪木武徳（二〇一六）『増補　学校と工場――二十世紀日本の人的資源』ちくま学芸文庫

序章

猪木武徳（二〇二一）『経済社会の学び方――健全な懐疑の目を養う』中公新書

宇沢弘文（二〇〇〇）『社会的共通資本』岩波新書

星岳雄（二〇二二）「志すべきは普通の資本主義――「新しい資本主義」の視点」『日本経済新聞』経済教室7月28日

宮川努（二〇一八）『生産性とは何か――日本経済の活力を問いなおす』ちくま新書

宮本憲一・西谷修（二〇一五）「討議Ⅱ「公害」の時代を生きて」『現代思想　総特集　宇沢弘文人間のための経済』青土社

Robinson, Joan (1971) *Economic Heresies: some old-fashioned questions in economic theory*, Basic Books, Inc., 宇沢弘文訳（一九七三）『異端の経済学』日本経済新聞社

Piketty, Thomas (2014), *Capital in the Twenty-First Century*, The Belknap Press of the Harvard University Press. 山形浩生・守岡桜・森本正史訳（二〇一四）『21世紀の資本』みすず書房
Stiglitz, Joseph, Jean-Paul FitoussI and Martine Durand eds. (2018) *For Good Measure: Advancing Research on Well-Being Metrics Beyond GDP*, OECD Publishing. 西村美由起訳（二〇二〇）『GDPを超える幸福の経済学――社会の進歩を測る』明石書店

第1章

小林慶一郎・森川正之編（二〇二〇）『コロナ危機の経済学――提言と分析』日本経済新聞出版
鈴木亘（二〇二一）『医療崩壊――真犯人は誰だ』講談社現代新書
内閣官房（二〇二二）「新型コロナウイルス感染症へのこれまでの取組を踏まえた次の感染症危機に向けた中長期的な課題について」新型コロナウイルス感染症対応に関する有識者会議第5回資料
宮川努編（二〇二一）『コロナショックの経済学』中央経済社
Garner, Corby, Justin Harper, Matt Russell and Jon Samuels (2022) "Updated US BEA-BLS Integrated Industry-level Production Account: Analyzing Sources of Growth between the COVID Recession and the Great Recession" presented at the 7th World KLEMS Conference at University of Manchester.
Miyagawa, Tsutomu and Kenta Ikeuchi (2023) "How Did the Japanese Economy Recover from

the COVID-19 Pandemic?" Presented at the 6th Asia KLEMS Conference in India.

第2章

青木昌彦（一九八四）『現代の企業――ゲームの理論から見た法と経済』岩波書店
石川貴幸（二〇二一）「設備投資とqの関係性の変化――上場製造業企業のパネルデータを用いた分析」内閣府経済社会総合研究所編『経済分析』201号、17-38
岩崎雄斗・須藤直・西崎健司・藤原茂章・武藤一郎（二〇一六）「わが国における自然利子率の動向」「総括的検証」補足ペーパーシリーズ②、日銀レビュー、2016-J-18
桂幹（二〇二三）『日本の電機産業はなぜ凋落したのか』集英社新書
軽部謙介・西野智彦（一九九九）『検証　経済失政』岩波書店
玄田有史編（二〇一七）『人手不足なのになぜ賃金が上がらないのか』慶應義塾大学出版会
小林慶一郎（二〇二四）『日本の経済政策――「失われた30年」をいかに克服するか』中公新書
櫻川昌哉（二〇二一）『バブルの経済理論――低金利、長期停滞、金融劣化』日本経済新聞出版
田中賢治（二〇一九）「堅調な企業収益と低調な設備投資のパズル」内閣府経済社会総合研究所編『経済分析』200号、63-100
東畑精一（一九五七）『アメリカ資本主義見聞記』岩波新書
中村純一（二〇一七）「日本企業の設備投資はなぜ低迷したままなのか――長期停滞論の観点からの再検討」内閣府経済社会総合研究所『経済分析』193号、51-82

西野智彦（二〇〇一）『検証　経済迷走』岩波書店
日本生産性本部（二〇二三）「労働生産性の国際比較　2023」https://www.jpc-net.jp/research/detail/006714.
福田慎一（二〇一八）『21世紀の長期停滞論——日本の「実感なき景気回復」を探る』平凡社新書
星岳雄・アニル・K・カシャップ（二〇一三）『何が日本の経済成長を止めたのか——再生への処方箋』日本経済新聞出版社
松島茂・竹中治堅編（二〇一一）『日本経済の記録　時代証言集（オーラル・ヒストリー）』内閣府経済社会総合研究所
宮川努・石川貴幸（二〇二一）「資本蓄積の低迷と無形資産の役割——無形資産から過少投資論を考える」深尾京司編『サービス産業の生産性と日本経済』第3章、東京大学出版会
吉川洋（一九九九）『転換期の日本経済』岩波書店
Crouzet, Nicolas and Janice, C. Eberly（2018）"Understanding Weak Capital Investment: The Role of Market Concentration and Intangibles" presented at Federal Reserve Bank of Kansas City Conference
Goldin, Ian, Pantelis Koutroumpis, François Lafond and Julian Winkler（2022）"Why Is Productivity Slowing Down?" *INET Oxford Discussion Paper* No. 2022-08.
Halberstam, David（1972）*The Best and the Brightest*, Random House Inc. 浅野輔訳（二〇〇九）『ベスト&ブライテスト』二玄社

第3章
日沖健（二〇二四）「日本の従業員が「世界一やる気がない」本当の理由」東洋経済オンライン、https://toyokeizai.net/articles/-/731721?page=4
野口悠紀雄（一九九三）『日本経済　改革の構図』東洋経済新報社
深尾京司（二〇一二）『「失われた20年」と日本経済――構造的原因と再生への原動力の解明』日本経済新聞出版社
Keynes, John Maynard (1936), *The General Theory of Employment, Interest and Money*, Macmillan. 間宮陽介訳（二〇〇八）『雇用・利子および貨幣の一般理論』岩波文庫

第4章
篠崎彰彦（二〇〇三）『情報技術革新の経済効果――日米経済の明暗と逆転』日本評論社
内閣府経済社会総合研究所（二〇二二）「デジタルSUT（供給・使用表）2015、2018年表の推計について（デジタルエコノミー・サテライト勘定に関する調査研究）」報告書
西村清彦・峰滝和典（二〇〇四）『情報技術革新と日本経済「ニュー・エコノミー」の幻を超えて』有斐閣
長谷川秀司（二〇二三）「デジタルエコノミーをどのように把握するか?――新たな試みと課題」内閣府経済社会総合研究所編『経済分析』第207号、250-281頁

宮川努（二〇二四）「デジタル化の経済学——計測問題とスピルオーヴァー効果を中心として」内閣府経済社会総合研究所編『経済分析』第209号、1-25頁

宮川努・滝澤美帆・宮川大介（二〇二〇）「日本のＩＴ投資は生産性向上に寄与しているのか？——「生産性向上につながるＩＴと人材に関する調査」から見えてくるもの」日本生産性本部『生産性レポート』Vol.14

森川正之（二〇二三）「在宅勤務の生産性ダイナミクス」一橋大学経済研究所編『経済研究』Vol 74（1-2）、pp.1-34

Aghion, Philiipe., Antonin Bergeaud., Timo Boppart, Peter Klenow, Huiyu Li（2019）"Missing Growth from Creative Destruction", *American Economic Review* 109（8）, 2795-2822.

Brynjolfsson, Erik and Abdrew Mcafee（2014）*The Second Machine Age: Work, Progress, and Prosperity in a Time of Brilliant Technologies*. New York: W. W. Norton. 村井章子訳（二〇一五）『ザ・セカンド・マシン・エイジ』日経ＢＰ社

Brynjolfsson, Erik, Avinash. Collis, W. Erwin Diewert, Felix Eggers and Kevin. J. Fox（2019）"GDP-B: Accounting for the Value of New and Free Goods in the Digital Economy." *NBER Working Paper Series*, No. 25695.

Coyle, Dyan and Leonard. Nakamura（2022）"Time Use, Productivity, and Household-Centric Measurement of Welfare in the Digital Economy." *International Productivity Monitor*, 42（Spring）, 165-186

第5章

青木昌彦・奥野正寛・村松幹二（一九九六）「企業の雇用システムと戦略的補完性」青木昌彦・奥野正寛編『経済システムの比較制度分析』東京大学出版会、第5章

小宮隆太郎（一九八八）「日本企業の構造的・行動的特徴（1）（2）」東京大学経済学会『経済学論集』54-2、pp.2-16、54-3、pp.54-66

東畑精一（一九五七）『アメリカ資本主義見聞記』岩波新書

内閣府（二〇一八）『平成30年版　経済財政白書』

原ひろみ（二〇一四）『職業能力開発の経済分析』勁草書房

宮川努・滝澤美帆（二〇二二）「コロナ禍を経た企業内人材育成の現在地――独自調査も踏まえた検討」学習院大学経済経営研究所編『学習院大学経済経営研究所年報』第37巻、1-15頁

Barro, Robert (1997) *Determinants of Economic Growth: A Cross-Country Empirical Study*, The MIT press. 大住圭介・大坂仁訳（二〇〇一）『経済成長の決定要因――クロス・カントリー実証研究』九州大学出版会

Benhabib, Jess and Mark Spiegel (1994) "The Role of Human Capital in Economic Development Evidence from Aggregate Cross-Country Data" *Journal of Monetary Economics* 34 (2), 143-173.

Becker, Gary (1964) *Human Capital: A Theoretical and Empirical Analysis with Special Refer-*

ence to Education, First Edition, National Bureau of Economic Research. 佐野陽子訳（一九七六）『人的資本』東洋経済新報社
Denison, Edward（1967）*Why Growth Rate Differ: Postwar Experience in Nine Western Countries*, Washington D.C., Brookings Institution
Jorgenson, Dale and Zvi Griliches（1967）"The Explanation of Productivity Change" *Review of Economic Studies* 34（3）, 249-283.
Lucas, Robert Jr.（1988）"On the Mechanics of Economic Development" *Journal of Monetary Economics* 22（1）, 3-42.
Parente, Stephen, and Edward Prescott（2002）*Barriers to Riches*, The MIT Press.

第6章

内山勝久（二〇〇九）「持続可能な発展と環境クズネッツ曲線」宇沢弘文・細田裕子編『地球温暖化と経済発展――持続可能な成長を考える』東京大学出版会
大竹文雄・白石小百合・筒井義郎（二〇一〇）『日本の幸福度――格差・労働・家族』日本評論社
OECD編著（二〇一二）徳永優子・来田誠一郎・西村美由起・矢倉美登里訳『OECD幸福度白書』明石書店
橘木俊詔・高松里江（二〇一八）『幸福感の統計分析』岩波書店
馬奈木俊介（二〇一七）「新たな経済指標『新国富』――教育・健康・自然の価値重視」日本経

済新聞『経済教室』五月九日
間宮陽介（二〇一五）「社会的共通資本の思想」『現代思想　総特集　宇沢弘文――人間のための経済』青土社

Arrow, Kenneth, Partha Dasgupta, Lawrence H. Goulder, Kevin Mumford and Kirsten Oleson (2012) "Sustainability and the Measurement of Wealth" *Environment and Development Economics* 17 (3), 317-353.

Coyle, Diane (2021), *Cogs and Monsters; What Economics Is, and What It Should Be*, Princeton University Press. 小坂恵理訳（二〇二四）『経済学オンチのための現代経済学講義』筑摩書房

Dasgupta, Partha (2021) *The Economics of Biodiversity: The Dasgupta Review*, London, HM Treasury.

Jones, Charles and Peter Klenow (2016) "Beyond GDP? Welfare across Countries and Time" *American Economic Review*, 106 (9), 2426-2457

Pearce, David W., and Giles D. Atkinson (1993) "Capital Theory and the Measurement of Sustainable Development: an Indicator of 'Weak' Sustainability", *Ecological Economics*, 8 (2), 103-108.

ちくま新書
1829

投資《とうし》で変《か》わる日本経済《にほんけいざい》
——「アマチュア資本主義《しほんしゅぎ》」を活《い》かす途《みち》

二〇二四年一一月一〇日　第一刷発行

著者　宮川　努（みやがわ・つとむ）
発行者　増田健史
発行所　株式会社　筑摩書房
東京都台東区蔵前二-五-三　郵便番号一一一-八七五五
電話番号〇三-五六八七-二六〇一（代表）
装幀者　間村俊一
印刷・製本　三松堂印刷　株式会社

ISBN978-4-480-07657-1 C0233

1368
生産性とは何か
──日本経済の活力を問いなおす
宮川努
停滞にあえぐ日本経済の再生には、生産性向上が必要だ。誤解されがちな「生産性」概念を経済学の観点から捉えなおし、その向上策を詳細なデータと共に論じる。

1740
資本主義は私たちをなぜ幸せにしないのか
ナンシー・フレイザー
江口泰子訳
資本主義は私たちの生存基盤を食い物にすることで肥大化する矛盾に満ちたシステムである。世界的政治学者がそのメカニズムを根源から批判する。（解説・白井聡）

1779
高校生のための経済学入門【新版】
小塩隆士
全体像を一気につかむ、最強の入門書を完全アップデート！　金融政策の変遷、世界経済を増補し、キーワード索引でより便利に。ビジネスパーソンの学び直しにも！

1791
経済学の思考軸
──効率か公平かのジレンマ
小塩隆士
経済学はどのような〝ものの考え方〟をするのか、2つの評価軸をもとに原理原則から交通整理する。市場、格差、経済成長……ソボクな誤解や疑いを解きほぐす。

002
経済学を学ぶ
岩田規久男
交換と市場、需要と供給などミクロ経済学の基本問題から財政金融政策などマクロ経済学の基礎までを、現実の経済問題に即した豊富な事例で説く明快な入門書。

035
ケインズ
──時代と経済学
吉川洋
マクロ経済学を確立した20世紀最大の経済学者ケインズ。世界経済の動きとリアルタイムで対峙して財政・金融政策の重要性を訴えた巨人の思想と理論を明快に説く。

831
現代の金融入門【新版】
池尾和人
情報とは何か。信用はいかに創り出されるのか。金融の本質に鋭く切り込みつつ、平明かつ簡潔に解説した定評ある入門書。金融危機の経験を総括した全面改訂版。

ちくま新書

701 こんなに使える経済学 ——肥満から出世まで 大竹文雄編

肥満もたばこ中毒も、出世も談合も、経済学的な思考を上手に用いれば、問題解決への道筋が見えてくる！ 経済学のエッセンスが実感できる、まったく新しい入門書。

785 経済学の名著30 松原隆一郎

スミス、マルクスから、ケインズ、ハイエクを経てセンまで。各時代の危機に対峙することで生まれた古典には混沌とする経済の今を捉えるためのヒントが満ちている！

822 マーケティングを学ぶ 石井淳蔵

市場が成熟化した現代、生活者との関係をどうデザインするかが企業にとって大きな課題となる。著者はここを起点にこれからのマーケティング像を明快に提示する。

827 現代語訳 論語と算盤 渋沢栄一 守屋淳訳

資本主義の本質を見抜き、日本実業界の礎となった渋沢栄一。経営・労働・人材育成など、利潤と道徳を調和させる経営哲学には、今なすべき指針がつまっている。

837 入門 経済学の歴史 根井雅弘

偉大な経済学者たちは時代の課題とどう向き合い、それぞれの理論を構築したのか。主要テーマ別に学説史を描くことで読者の有機的な理解を促進する決定版テキスト。

1006 高校生からの経済データ入門 吉本佳生

データの収集、蓄積、作成、分析。数字で考える「頭」は、情報技術では絶対に買えません。高校生でも、そして大人でも、分析の技法を基礎の基礎から学べます。

1276 経済学講義 飯田泰之

ミクロ経済学、マクロ経済学、計量経済学の主要3分野をざっくり学べるガイドブック。体系を理解して、大学で教わる経済学のエッセンスをつかみとろう！

ちくま新書

1413 日本経営哲学史
——特殊性と普遍性の統合
林廣茂
中世から近代まで日本経営哲学の展開をたどり、渋澤栄一、松下幸之助、本田宗一郎ら20世紀の代表的経営者の思想を探究。日本再生への方策を考察する経営哲学全史。

1492 日本経済学新論
——渋沢栄一から下村治まで
中野剛志
日本の近代資本主義を確立した渋沢栄一の精神は、いかに高橋是清、岸信介、下村治ら実務家たちに受け継がれたか。気鋭の評論家が国民経済思想の系譜を解明する。

1647 会計と経営の七〇〇年史
——五つの発明による興奮と狂乱
田中靖浩
簿記、株式会社、証券取引所、利益計算、情報公開。今やビジネスに欠かせない仕組みが誕生した瞬間を、見てきたように語ります。世界初、会計講談！

1819 金利を考える
翁邦雄
住宅ローン金利はどうなるか。なぜ低金利が円安を招くのか。株価暴落はなぜ、どのように起きるのか。金融政策の第一人者が根本から解き明かす。

1823 バブルと資本主義が日本をつぶす
——人口減と貧困の資本論
大西広
株価の乱高下、不動産高騰と地方衰退。近代英国労働者のような低賃金と貧富の差。労働力不足と未曾有の人口減少。令和バブル崩壊で露呈する資本主義の限界とは。

225 知識経営のすすめ
——ナレッジマネジメントとその時代
野中郁次郎
紺野登
日本企業が競争力をつけたのは年功制や終身雇用の賜物のみならず、組織的知識創造を行ってきたからである。知識創造能力を再検討し、日本的経営の未来を探る。

396 組織戦略の考え方
——企業経営の健全性のために
沼上幹
組織を腐らせてしまわぬため、主体的に思考し実践しよう！　組織設計の基本から腐敗への対処法まで「これウチの会社！」と誰もが嘆くケース満載の組織戦略入門。